I0759330

Le référendum d'initiative citoyenne

L'instaurer en France, le préserver en Suisse

Pierre-Alain Bruchez

Le référendum d'initiative citoyenne

*L'instaurer en France,
le préserver en Suisse*

Préface d'Olivier Meuwly

© 2019, Pierre-Alain Bruchez
Contact : democratiedabord@protonmail.com

Éditeur : BoD-Books on Demand
12-14 rond-point des Champs-Élysées, 75008 Paris

Impression : Books on Demand, Norderstedt, Allemagne

Distribution : Sodis

ISBN : 978-2-3221-2201-1
Dépôt légal : juillet 2019

A ceux qui ont été blessés ou tués
par les antidémocrates

Table des matières

Préface

Notre actualité se caractérise par un puissant besoin de démocratie. C'est peu de le dire. La critique envers les mécanismes de l'Etat « classique » et les institutions parlementaires n'est cependant pas inédite. A la fin du XIXe siècle, les anarchistes mais aussi les premiers mouvements nationalistes avaient placé les systèmes représentatifs au cœur de leurs récriminations à l'égard de la société « bourgeoise ». Il est vrai que de nombreux scandales, qui s'étaient succédé dans plusieurs pays, avaient fortement discrédité le système parlementaire. Celui-ci a malgré tout survécu aux crises de la Belle Epoque puis à deux guerres mondiales, qui auraient pu anéantir le principe démocratique. Mais, sauf en Suisse où, dès le début du XIXe siècle, dans les cantons d'abord puis au niveau fédéral, les institutions furent encadrées par des droits populaires de plus en plus généreux, le Parlement continuait à apparaître comme l'expression la plus aboutie d'un système libéral et démocratique digne de révolutionnaires américains et français, de Madison à Sieyès.

Les choses changèrent avec les années 60. Dans son rejet de l'Etat, jugé réactionnaire et autoritaire, dans sa soif d'une liberté renouvelée qui libérerait autant le corps que l'âme, le mouvement soixante-huitard a vénéré les formes de démocratie « directe » au nom d'une participation « authentique » du peuple aux affaires d'une société réconciliée avec elle-même. Bien que largement théorisée, cette démocratie « réinventée » peina cependant à adopter des contours concrets, une fois sortie des assemblées générales téléguidées par les groupuscules qui avaient initié le mouvement. Le parlementarisme avait à nouveau gagné la partie. Les années 90, secouées par le cataclysme que provoqua l'effondrement du glacis communiste, ne modifièrent pas la situation mais virent surgir des mouvements trop hâtivement étiquetés de « populistes », qui revendiquaient une autre manière de représenter le « peuple » contre des « élites » qu'ils conchiaient déjà allègrement. Mais, fixés dans le marais parfois glauque d'une nouvelle droite plus ou moins extrême selon les cas, ces mouvements furent voués aux gémonies comme simples résurgences d'un passé que tous voulaient oublier.

La critique du parlementarisme prit une autre tournure avec la crise, majeure, des années 2008/2009, à la fois économique et financière, qui annihila les espoirs d'un monde meilleur qu'avait éveillés la mondialisation économique et technologique du tournant du millénaire. Ce rejet des institutions « traditionnelles » essaima bien au-delà des officines marquées par un « populisme » de droite et s'empara de larges cercles situés très loin dans une gauche qui redécouvrait, ironiquement, la valeur des frontières comme garantes d'Etats providentiels performants. C'est à ce moment qu'émergea une profonde demande démocratique de par le monde, attisée par une exigence de transparence à l'égard des institutions que la démocratie classique et les parlements étaient accusés de ne plus assurer. Des Indignés électrisés par le « missel » postmoderne de Stéphane Hessel, puis de leurs successeurs de Nuit Debout, à Occupy Wall Street, en passant par les mouvements politiques d'extrême gauche de Podemos ou Syriza, par les « inclassables » du Mouvement Cinq Etoiles italien et par les partis Pirates tout à leur démocratie numérique totalement « fluide », une démocratie enfin « populaire » devint le thème à la mode, comme réponse à la crise de la représentation qui s'était installée.

Les partis traditionnels, de centre droit ou de centre gauche, en sortirent tétanisés et traversent tous aujourd'hui une crise sans précédent. Il est clair que les partis, piliers naturels du système parlementaire, étaient pour un grand nombre d'entre eux englués dans des scandales à répétition. Leur réputation ne pouvait que dégringoler. Mais un certificat de décès devait-il être apposé sur le système parlementaire ? Car que proposaient les mouvements susmentionnés sinon une démocratie, directe dans l'énoncé, mais ne ressemblant à rien sinon à de grands déballages qui auraient dû, dans le sens habermassien du terme, signifier la réalité de l'opinion ? Car les Etats européens, hypnotisés par cette demande démocratique, n'affichent en général que scepticisme envers le système suisse, à leurs yeux facteurs de populisme. Mais ils oublient que le système suisse, contrairement à la légende complaisamment véhiculée par certains, n'est en rien l'expression désordonnée des humeurs du peuple, mais les canalisent à travers des procédures nombreuses et solides.

C'est l'originalité des Gilets jaunes, dont les revendications s'égaillant tous azimuts dégagent peut-être parfois une image trouble, mais qui ont pris au sérieux cette demande de démocratie directe et ont pris soin d'en demander la réalisation à travers des cadres organisationnels précis. Ces cadres peuvent être discutés mais sont articulés sur des procédures réelles et porteuses d'efficacité. Il suffit de consulter la littérature adossée au mouvement qui propose une mise en œuvre du référendum d'initiative citoyenne (RIC). Et loin des descriptions sommaires du système suisse, pour parler euphémiquement, dont ils gratifiaient d'ordinaire leurs lecteurs et auditeurs, les médias français se sont tout à coup réellement intéressés à la démocratie de ces Helvètes qui ne veulent rien faire comme les autres. Le soussigné peut en attester : jamais il n'a eu autant de sollicitations de la part des médias français et il a pu apprécier un degré de connaissance du sujet longtemps inhabituel en France. Par son sérieux, le RIC avait touché une corde sensible qui ne demandait qu'à vibrer.

Avec les travaux d'Etienne Chouard à Marseille ou de Raul Magni-Berton et Clara Egger à Grenoble, les Français disposent d'un socle de réflexion sur lequel ils peuvent désormais véritablement édifier une démocratie directe adaptée à leur culture politique. Car là réside un enjeu majeur du débat : le système suisse auxquels nombre d'auteurs se réfèrent, dont Magni-Berton et Egger, est-il transposable à la France ? J'ai quelques doutes mais les nombreuses variantes qui irriguent le débat pourraient offrir des options dans lesquelles le monde politique pourrait assurément puiser à loisir, sans contourner pour autant le Parlement. La Suisse a laissé un rôle important à celui-ci et ce n'est pas un hasard : il a vocation à tisser des compromis, comme l'avait bien perçu Benjamin Constant, et c'est en son sein que le débat autour des éventuelles modifications de la Constitution peut se nouer. Magni-Berton et Egger préfèrent après réflexion faire l'impasse sur son intervention et on ne peut que le regretter.

De même, s'ils ont raison de placer au premier rang des priorités ce que les Suisses appellent l'initiative populaire (modification partielle de la Constitution), nous pensons qu'ils s'illusionnent sur l'initiative législative. Si les Suisses, sur le plan fédéral, y ont renoncé, c'est parce qu'elle s'est révélée impraticable : on ne s'improvise pas législateur, même avec des associations autour de soi. Le Parlement peut accomplir ce travail, sous l'impulsion constitutionnelle du peuple. Enfin, nous ne suivons pas ces deux auteurs lorsqu'ils semblent faire peu de cas du référendum, c'est-à-dire de la possibilité de contester une loi votée par le Parlement par une votation populaire. En Suisse, c'est justement grâce à cet instrument, antérieur à l'initiative constitutionnelle, que les politiciens ont appris à dialoguer et ont compris qu'il fallait associer les minorités au gouvernement. Car avec le référendum, sans dialogue institutionnalisé avec tous les partenaires, le blocage est programmé. La France n'est pas célèbre pour son appétence pour le compromis : cela s'apprend et le référendum est une école redoutable... La construction d'une culture politique conforme aux exigences de la démocratie directe doit passer par là.

C'est le mérite de Pierre-Alain Bruchez de faciliter l'accès aux mécanismes subtils et complexes de la démocratie à la mode helvétique. Il ne s'agit pas d'imiter ce système en particulier mais, pour en tirer les enseignements les plus utiles, il faut en connaître tous les recoins, les contraintes, les forces, mais aussi les faiblesses. Magni-Berton et Egger l'auscultent avec sagacité le système suisse, sans pathos et avec un regard critique aiguisé. Comme eux, Pierre-Alain Bruchez répond point par point aux détracteurs d'une démocratie de type direct ; avec eux, il soutient le RIC législatif, mais contre eux il reconnaît sa pleine légitimité au contre-projet préparé par le parlement tout en ne partageant pas leur scepticisme envers le référendum (qu'ils appellent RIC abrogatoire). Nous l'avons dit : nous respectons le système parlementaire, mais il est vrai qu'aujourd'hui ses thuriféraires accumulent, pour le défendre, les lieux communs qui conforteront ses adversaires dans leurs convictions. Pierre-Alain Bruchez insiste aussi à raison sur un point qui échappe aux auteurs français : le fédéralisme. Le centralisme cher à l'hexagone pourrait s'avérer le principal obstacle au RIC : les Gilets jaunes en sont-ils conscients ? L'aspiration à l'autonomie individuelle des Suisses s'est élaborée dans le cadre collectif des cantons, ces Etats certes petits mais souverains qui se comprennent comme de véritables laboratoires institutionnels au sein de la Confédération. Commencer par pratiquer le RIC sur le plan local pourrait constituer une étape intéressante surtout si l'on se souvient que la démocratie locale est vivace en France, comme le montre Jean-Thomas Lasueur (« Crise démocratique : les leçons de la démocratie locale », in Chantal Delsol et Giulio De Ligio, La Démocratie dans l'adversité. Enquête internationale, Paris, Cerf, 2019, pp. 657-671) : dans ce cadre pourrait être mis en œuvre, dans un premier temps, le RIC « minimal » pour lequel plaident Magni-Berton et Egger comme Pierre-Alain Bruchez.

L'appel que lance Pierre-Alain Bruchez à la fin de son ouvrage doit lui aussi être entendu : il faut se battre pour la démocratie directe mais, ajouterons-nous, pour toute forme de démocratie. La démocratie est fragile en soi, comme on le constate de par le monde. Et il a raison de s'adresser aussi aux Suisses qui critiquent la démocratie directe, sous prétexte qu'elle serait un catalyseur des frustrations « populistes ». Nous l'avons dit : au contraire, elle les absorbe par un traitement politique auquel tous peuvent participer. La démocratie directe fonctionne en tant que facteur de stabilité et elle n'est pas réservée aux seuls Helvètes !

Olivier Meuwly

Docteur en droit et ès lettres de l'Université de Lausanne, Olivier Meuwly, chargé de projet auprès de Statistique Vaud et chroniqueur au journal Le Temps, a rédigé plusieurs ouvrages sur l'histoire vaudoise et suisse, ainsi que sur l'histoire des partis et des idées politiques. L'histoire des institutions helvétiques et le rôle de la démocratie directe dans leur évolution constituent des axes majeurs de ses recherches.

Introduction

La France n'est pas une démocratie s'écriait Sieyès, l'un des pères de la révolution française. La France ne doit pas être une démocratie, continuait-il, mais un régime représentatif. Dans un pays qui n'est pas une démocratie, le peuple ne peut parler, ne peut agir que par ses représentants. Les citoyens qui se nomment des représentants renoncent et doivent renoncer à faire eux-mêmes la loi.

Les Gilets jaunes luttent pour instaurer la démocratie en France. Ils rejettent un système où le peuple, dépourvu de tout pouvoir légal entre deux élections, est réduit à occuper la rue pour éventuellement être entendu. Ce système pervers entraine des pertes économiques, la violence et, rappelons-le, des blessés et des morts. Et quel mépris pour le peuple. Dans une démocratie, le peuple (demos) a véritablement le pouvoir (kratos). Il décide directement sur les sujets de son choix.

Les Gilets jaunes réclament l'introduction du référendum d'initiative citoyenne (RIC). Son principe est simple. L'initiative émane de citoyens qui souhaitent soumettre leur proposition en votation populaire ou opposer un veto à une décision des élus. S'ils réunissent le nombre requis de signatures dans les délais impartis, alors la proposition est soumise en votation populaire. La décision du peuple s'impose aux élus. Quand les élus prennent des décisions particulièrement importantes, telles qu'une modification de la Constitution, le référendum a obligatoirement lieu, sans que des signatures doivent être récoltées (formellement ce n'est pas un RIC, puisque les citoyens n'ont pas besoin d'en prendre l'initiative ; on pourrait nommer ce référendum obligatoire un RO, mais par souci de simplicité j'utiliserai le sigle RIC pour désigner aussi les RO). Contrairement au RIC, les référendums qu'a connus la France ont été initiés par le président. Le RIC diffère aussi du faussement nommé « référendum d'initiative partagée » qui n'est pas un référendum puisqu'il ne conduit pas nécessairement à une votation populaire et est d'initiative exclusivement parlementaire (même si une fois initié par des parlementaires il doit encore être soutenu par 10% des citoyens).

Un véritable RIC est-il souhaitable et réalisable ? Pour répondre à cette question, nombreux sont ceux qui regardent vers la Suisse. Comment la démocratie directe y fonctionne-telle concrètement ? Et quelles en sont les conséquences ? Les enseignements tirés de ce petit pays peuvent-ils inspirer la France ?

Pendant que l'idée de démocratie directe progresse en France, sa réalité est menacée en Suisse. Parmi les élites, de plus en plus nombreux sont ceux qui veulent limiter le pouvoir du peuple et considèrent ses décisions comme de simples impulsions. Une idéologie antidémocratique se propage, fondée essentiellement sur les mêmes arguments qu'en France. Face aux antidémocrates, la même ferveur pousse les Français dans la rue pour réclamer la démocratie directe et, espérons-le, conduira les Suisses à s'organiser pour défendre la leur.

Ce petit livre est divisé en trois parties. La première est consacrée à la France. J'y explique pourquoi elle n'est pas une démocratie et en profite pour préciser ce concept. J'aborde ensuite le RIC, en étudiant les modalités dont dépend son succès. Je détermine la réforme minimale qui permettrait de transformer la France en une démocratie. Finalement, je décris les différents chemins qui pourraient mener la France vers la démocratie. La deuxième partie répond aux arguments contre la démocratie directe. Elle est située entre la partie consacrée à la France et celle dévolue à la

Suisse : c'est la même idéologie antidémocratique qu'il s'agit de combattre. Les antidémocrates prétendent que le peuple est trop bête et surtout trop méchant pour décider sur les sujets de son choix. Ils formulent encore d'autres arguments, fondés par exemple sur les prérogatives du Parlement. La troisième partie est consacrée à la Suisse. J'explique d'abord comment la démocratie directe s'y est développée et tente d'en tirer des enseignements pour la France. Je présente ensuite son fonctionnement et finalement les dangers qui la menacent. Je conclus que la démocratie doit être la première de nos priorités. C'est en vain que les citoyens se disputent sur telle ou telle politique spécifique quand ils n'ont pas le pouvoir. La postface discute des événements survenus après l'écriture de l'essentiel de ce livre et propose une articulation des différents chemins qui peuvent conduire la France à la démocratie.

1

Instaurer
la démocratie en France

La France n'est pas une démocratie. Grâce au RIC, elle pourrait le devenir. Encore faut-il que le peuple parvienne à l'imposer à ses élus.

La France n'est pas une démocratie

Dans une démocratie, le peuple décide quels pouvoirs il délègue

Affirmer que la France n'est pas une démocratie semble farfelu. N'y a-t-il pas des élections ? Dans son discours du 7 septembre 1789 à l'Assemblée nationale, Sieyès défendait pourtant le régime représentatif contre la démocratie. L'oxymore « démocratie représentative » n'avait pas encore été forgé. Oxymore, puisqu'en « démocratie représentative », c'est les élus qui détiennent le pouvoir. Or la démocratie est le régime où le peuple a le pouvoir. Comme le dévoilent les racines grecques de ce mot (demos=peuple, kratos=pouvoir), c'est bien ce sens qu'il avait à l'origine. C'est encore ce sens qu'il conservait à l'époque de la révolution française et auquel se référait Sieyès. Depuis, la démocratie est devenue le système où le peuple élit des représentants.

Comment un tel glissement sémantique a-t-il pu se produire ? Le peuple aspire à la démocratie, alors que les élites tendent à accaparer le pouvoir. Plus la revendication démocratique se fait pressante, plus les élites hésitent à s'affirmer antidémocrates. Ont-ils machiavéliquement changé le sens de ce mot ? Ou se sont-ils simplement déclarés démocrates pour apaiser le peuple tout en s'opposant à la démocratie, de sorte qu'insensiblement et involontairement la pratique modifia peu à peu le sens ? Qu'il soit orwellien ou le fruit involontaire de l'hypocrisie, ce glissement est d'une efficacité redoutable. Non seulement les véritables démocrates n'ont plus de mot pour dire le régime auquel ils adhèrent, mais le premier mot qu'ils sont tentés d'utiliser désigne un régime très différent.

Nous devons nous réapproprier le mot « démocratie », de sorte qu'il signifie à nouveau « pouvoir au peuple ». Mais une démocratie au sens authentique du terme est-elle possible en dehors d'une petite communauté ? Les citoyens n'ont manifestement pas le temps de décider sur toutes les questions qui se posent à un Etat moderne. Disons-le clairement : une démocratie au sens où tous les citoyens prendraient eux-mêmes toutes les décisions est irréalisable dans un Etat moderne. Même dans un petit Etat comme la Suisse.

Le peuple ne pouvant prendre lui-même toutes les décisions, il devra confier certains pouvoirs à des représentants. Dans une démocratie, il dispose toutefois du pouvoir ultime de décider quels sont les pouvoirs qu'il délègue et lesquels il conserve pour lui-même. Tout en confiant certaines compétences, il peut garder la possibilité d'intervenir directement dans les affaires publiques par un référendum d'initiative citoyenne dont lui seul a légitimité pour en définir les modalités. Ce n'est pas aux élus de fixer les limites du pouvoir au peuple.

Elire ses représentants ne suffit pas pour disposer du pouvoir ultime

La France n'est pas une démocratie puisque le peuple n'y dispose pas du pouvoir ultime de décider quelles compétences il confie à ses représentants et quel pouvoir il conserve pour lui-même. Il ne peut par exemple pas décider d'augmenter son propre pouvoir aux dépens des élus. Ainsi, d'après les sondages, une large majorité des Français souhaite depuis longtemps l'introduction du référendum d'initiative citoyenne. En vain. La France n'est certes pas non plus une dictature comme la Corée du Nord. Il n'est pas question de négliger ici les gigantesques différences qui séparent divers pays non démocratiques. Nous verrons qu'il suffirait d'introduire un RIC plus modeste que celui qu'exigent les Gilets jaunes pour transformer la France en une démocratie. La Corée du Nord par contre s'en trouve à des années-lumière.

Les élus détiennent certes le pouvoir, mais comme ils sont désignés par le peuple, on objectera que c'est bien le peuple qui dispose du pouvoir ultime. La difficulté d'obtenir le RIC par exemple montre que tel n'est pas le cas. Comment se fait-il que le peuple ne puisse obtenir ce qu'il désire, alors qu'il élit ceux qui pourraient le lui donner ? Premièrement, les élus ne tiennent pas nécessairement leurs promesses. Ceci d'autant moins quand il s'agit de limiter leur propre pouvoir. Les politiciens préfèrent encore une alternance qui leur donne le pouvoir une fois sur deux que de le perdre pour toujours en le rendant au peuple.

Deuxièmement, les divisions entre citoyens peuvent empêcher l'intérêt commun de se manifester par l'élection. Le peuple n'est pas une entité homogène, mais un ensemble de citoyens aux valeurs et intérêts divergents. En temps ordinaires, chaque groupe élit en fonction de ses revendications partisanes et laisse aux autres le soin de défendre l'intérêt commun (par exemple le RIC). Si par contre l'introduction du RIC était soumise en votation populaire, alors la volonté du peuple se révélerait. Avec les Gilets jaunes, le RIC est certes devenu une revendication prioritaire d'un important mouvement populaire. Ce miracle est toutefois dû à une accumulation de circonstances exceptionnelles (voir ci-dessous).

Finalement, on argumentera que le peuple dispose du pouvoir ultime puisque le système actuel est fondé sur la Constitution de la cinquième république adoptée en votation populaire. Mais le peuple n'a pu choisir qu'entre la Constitution proposée par le général de Gaulle et la précédente. On ne peut donc pas en déduire qu'il a accepté chaque élément de la Constitution. Il n'a par exemple jamais voté sur l'article 89 selon lequel la Constitution peut être révisée sans votation populaire.

Les Gilets jaunes et le RIC

Le RIC est devenu une revendication prioritaire des Gilets jaunes à cause d'une accumulation de circonstances exceptionnelles.

Première circonstance exceptionnelle : une crise de la représentation, elle-même renforcée par le basculement de l'axe gauche/droite vers un axe haut/bas qui n'est pas encore précisément défini, mais se situe entre haut (mondialiste, européiste) / bas (souverainiste) et haut (élitiste) / bas (démocrate). L'alternance entre l'Union pour un mouvement populaire (UMP) et le parti socialiste (PS) a déçu une proportion croissante des Français comme en témoigne la défaite de Sarkozy suivie par le renoncement de Hollande à se représenter. Ces partis européistes étaient peu enclins à libérer leurs politiques du carcan fixé par l'Union européenne. La déception engendrée par leur pseudo-alternance les a tellement affaiblis qu'ils ne pouvaient plus continuer ainsi. Une union explicite entre l'UMP et le PS devenait nécessaire. C'est ce qu'Emmanuel Macron a en grande partie réalisé, constituant ainsi le pôle haut du nouvel axe. Au niveau des partis, les antagonismes partisans empêchent encore de former le pôle bas. Les partisans du pôle bas n'ont donc actuellement pas de représentation politique coalisée. Au niveau populaire par contre, ce pôle est constitué par les Gilets jaunes et leurs sympathisants de gauche comme de droite. Cette crise de la représentation est anecdotiquement encore accentuée par les petites phrases méprisantes du président Macron. Une solution pourrait consister à choisir de meilleurs représentants. Mais les désillusions répétées de la pseudo-alternance UMP/PS conduisent plutôt à une méfiance généralisée envers les politiciens et une demande de démocratie directe, donc de RIC.

Deuxièmement, le fait que le pôle des Gilets jaunes intègre à la fois des citoyens de gauche et de droite conduit naturellement à mettre en avant une revendication unificatrice comme le RIC, plutôt que des revendications moins consensuelles. Des Gilets jaunes peuvent diverger sur l'opportunité de telle ou telle politique spécifique tout en convergeant sur l'idée que ce devrait être au peuple de décider.

Troisièmement, la violence gouvernementale inouïe (plus de 20 éborgnés à l'heure où j'écris ces lignes, des mains et des pieds arrachés, etc.) montrait de plus en plus clairement que le peuple devait disposer d'autres moyens légaux que le droit de manifestation pour s'exprimer entre deux élections et surtout pour décider. Ceci renforça encore l'importance du RIC. Il ne s'agissait plus uniquement de satisfaire des revendications spécifiques actuelles, mais de réclamer une réforme institutionnelle qui réduise à l'avenir la capacité des élus à imposer leur volonté au peuple.

A ces trois circonstances motivant l'intérêt pour le RIC s'en ajoute une quatrième qui permit de penser le RIC. La graine de la démocratie directe avait été semée depuis longtemps par des pionniers comme Yvan Bachaud et Etienne Chouard. Chouard en particulier disposait d'une grande notoriété sur les réseaux sociaux (même si les grands médias l'ignoraient). C'est ainsi qu'une minorité très bien informée sur la démocratie directe et éparpillée parmi les Gilets jaunes diffusa l'idée du RIC.

Les modalités du RIC :
le diable se cache dans les détails

La réforme minimale pour transformer la France en une démocratie

Quelle est la réforme minimale nécessaire pour transformer la France en une démocratie ? Nous avons vu que le peuple doit disposer du pouvoir ultime de décider quels pouvoirs il conserve pour lui-même et lesquels il confie à des représentants. Si les Français détenaient ce pouvoir ultime, ils pourraient par simple votation populaire introduire dans la Constitution un RIC aussi large qu'ils le désirent. La réforme minimale est que le peuple, et uniquement le peuple, puisse modifier les articles de la Constitution qui définissent cette distribution des pouvoirs. Reste à savoir quels sont ces articles. Pour éviter toute querelle, il est judicieux de viser une réforme un peu plus large qui reste toutefois quasi minimale : le peuple, et uniquement le peuple, peut modifier la Constitution. Plus précisément, les citoyens doivent pouvoir soumettre en votation populaire une modification de la Constitution sur un point spécifique. Et toute décision des élus de modifier la Constitution doit obligatoirement être soumise au référendum. Tel est le cas en Suisse. Ce droit populaire fera de la France une démocratie et permettra au peuple d'imposer les réformes qu'il souhaite.

Au-delà du RIC minimum

Une fois ce RIC constitutionnel obtenu, le peuple pourra l'utiliser pour développer les droits populaires. D'abord, instaurer un RIC sur la ratification des traités internationaux. En tous cas ceux que leur importance élève au rang de normes constitutionnelles. Les traités internationaux peuvent en effet vider de sa substance la souveraineté nationale et donc le pouvoir du peuple. En particulier, un pays ne devrait pas pouvoir transférer de sa souveraineté sans que son peuple l'accepte spécifiquement en votation populaire. Deuxièmement, il conviendrait d'introduire au niveau des lois un droit de veto et même d'initiative. Il devrait certes en principe suffire que le peuple écrive la Constitution que les lois appliquent. En réalité, les élus risquent de ne pas mettre en œuvre certaines dispositions constitutionnelles ou d'une façon qui ne correspond pas à la volonté populaire. Un RIC législatif en plus du RIC constitutionnel s'avère donc nécessaire. Si les représentants abusent de leur pouvoir à des niveaux inférieurs de la hiérarchie des règles (règlements, etc.), le peuple peut étendre le RIC à ces niveaux. Troisièmement, le peuple pourra se donner un RIC révocatoire pour destituer un représentant. Et bien sûr le peuple pourra utiliser ces RICs pour régler les problèmes concrets qui le préoccupent. Il importe toutefois de ne pas mettre tous ces RICs sur le même plan. Le RIC constitutionnel est supérieur aux autres, parce qu'il permet d'obtenir les autres, alors que ces autres ne permettent pas d'obtenir le RIC constitutionnel. Les modalités de révision de la Constitution française sont inscrites dans l'article 89. Il faut donc modifier cet article pour y préciser que toute modification constitutionnelle doit passer par un RIC et que le peuple peut initier une révision. Et bien sûr inscrire les modalités du RIC dans la Constitution de sorte que les élus ne puissent pas les modifier sans l'accord du peuple.

Cette approche minimaliste, commençant par la plus modeste réforme qui transformerait la France en une démocratie, pour étendre ensuite les droits populaires, est-elle la plus judicieuse ? Ne vaudrait-il pas mieux exiger d'emblée un RIC en toutes matières comme le réclament les Gilets jaunes ? L'avantage de l'approche minimaliste est de concentrer l'effort dans un premier temps sur la réforme essentielle en évitant de multiplier les fronts. Mais un surplus d'enthousiasme peut justifier un objectif plus ambitieux.

Le RIC révocatoire est d'une nature différente des autres RICs, puisqu'il concerne une personne (élection) plutôt qu'un sujet (votation). L'usage du RIC révocatoire conduirait à remettre en cause une récente décision populaire. Il pourrait même avoir l'effet pervers de donner au président le sentiment qu'il a légitimité pour faire ce qu'il veut puisque le peuple peut le destituer en tout temps. Le président Macron n'abuse pas de son pouvoir, il use du pouvoir abusif que lui confère la Constitution.

La solution n'est pas la destitution du président qui amènera un autre calife à la place du calife. Ce qu'il faut, c'est réduire le pouvoir excessif du président en permettant au peuple d'opposer son veto et de prendre l'initiative. Je suis réticent envers le RIC révocatoire auquel les perdants d'une élection risquent de souvent recourir. Cet outil peut certes s'avérer utile, mais il faut tenir compte de sa nature particulière et fixer ses modalités pour en assurer une utilisation très parcimonieuse.

Les modalités du RIC

Les modalités d'un RIC ne concernent pas seulement les sujets sur lesquels il peut porter. Le nombre de signatures requises et les délais sont cruciaux. Si ces exigences sont trop élevées, seules de grandes organisations pourront y recourir, alors qu'il convient que ce soit aussi l'instrument de petites minorités. A la limite, si ces exigences sont suffisamment draconiennes, nul ne pourra l'utiliser. Si elles sont au contraire trop basses, le peuple sera submergé de votations. Il y a donc un équilibre à trouver, en se souvenant toutefois que d'autres modalités de la récolte de signatures peuvent aussi être ajustées (signatures papier versus électroniques, autorisation ou non de payer ceux qui récoltent les signatures). En

Suisse, au niveau fédéral, 50'000 signatures papier (soit environ 1% du corps électoral) sont requises en 100 jours pour un référendum veto (contre une modification de loi) et 100'000 (environ 2% du corps électoral) en 18 mois pour une initiative (constitutionnelle). La France pourrait s'inspirer de ces valeurs. Si les exigences fixées initialement se révèlent inadéquates, le peuple pourra les modifier lui-même par un RIC. Il y a toutefois une asymétrie : si les exigences sont trop basses, le peuple peut facilement les augmenter, alors que si elles sont trop sévères, le peuple ne parviendra peut-être pas à utiliser le RIC pour les abaisser. Ceci plaide pour préférer se tromper par des exigences trop basses plutôt que trop élevées. Le peuple ayant été privé de toute possibilité de modifier la Constitution, le RIC risque toutefois d'être massivement utilisé dès son introduction. Afin que les propositions de réformes les plus importantes passent d'abord en votation populaire, il pourrait être utile que les exigences soient initialement élevées et baissent ensuite. On pourrait imaginer de fixer non pas un seuil de signatures, mais un chemin pour ce seuil. Après l'adoption du référendum d'initiative citoyenne, ce seuil serait à 10% du corps électoral pendant deux ans, puis à 9% l'année suivante, puis 8% l'année d'après, etc. Il diminuerait chaque année d'un point de pourcentage pour se stabiliser finalement à 2%. On passerait ainsi en dix ans de la valeur du faussement nommé « référendum d'initiative partagée » (10%) à la valeur suisse (2%). Le peuple pourrait décider de stopper cette baisse avant d'atteindre 2% s'il s'avère que le nombre de votations devient trop élevé.

D'autres modalités concernent ce qu'il advient une fois ces exigences satisfaites. La proposition doit alors obligatoirement être soumise en votation populaire dans un délai donné. Il est utile que, comme en Suisse, le Parlement puisse proposer un contre-projet. Quand une initiative citoyenne propose une mauvaise solution à un vrai problème, c'est en effet le rôle des élus de proposer une meilleure solution. L'initiative initiale et le contre-projet sont simultanément soumis au vote populaire. Les citoyens indiquent aussi leur préférence pour le cas où l'initiative et le contre-projet seraient simultanément acceptés.

Le résultat d'une votation populaire s'impose aux élus. Ce n'est pas une impulsion qui signale vaguement la direction où aller. C'est un ordre du peuple que ses représentants doivent exécuter. Les initiants seront bien inspirés de fixer dans leur initiative un délai de mise en œuvre. Que faire en cas de contradictions entre différentes décisions populaires ? Il vaudrait certes mieux éviter de telles contradictions, mais que faire si elles se produisent ? Il faut empêcher les élus d'en profiter pour prendre eux-mêmes des décisions qui n'appartiennent qu'au peuple. Pour cela, il convient de définir des règles de priorité (par exemple priorité à la dernière décision populaire) ou, quand un tel automatisme ne convient pas, prévoir que le peuple lui-même établira la priorité explicitement au cas par cas.

Les référendums existant actuellement en France sont très différents du RIC

Deux types de référendums au niveau national sont définis à l'article 11 de la Constitution. La localisation de cet article sous le titre II « Le président de la république » suggère déjà qu'il ne s'agit pas de RIC.

Le référendum d'initiative présidentielle

Les référendums qu'a connus la France ne sont pas des RICs, puisque c'est le président qui en a l'initiative. Ils sont lancés généralement pour des raisons de politique politicienne. Le président peut ainsi soumettre au référendum un sujet qui divise l'opposition. Un tel référendum dégénère aisément en un plébiscite sur la personne du président plutôt que de rester focalisé sur son objet. De plus, le président peut aisément contourner un refus populaire. Il suffit de modifier superficiellement le projet, de lui donner un autre nom et de ne pas soumettre cette nouvelle version au vote populaire. C'est ce que le président Sarkozy a fait avec la Constitution européenne rejetée par référendum en 2005 et reformatée dans le Traité de Lisbonne qu'il veilla à ne pas soumettre au vote populaire.

Le faussement nommé
« référendum d'initiative partagée »

Le RIC ne ressemble pas non plus à cet instrument introduit sous Sarkozy et faussement nommé « référendum d'initiative partagée ». Cette expression est doublement trompeuse, puisqu'une votation populaire n'aura pas nécessairement lieu et que l'initiative est exclusivement parlementaire (même si après être initiée, la demande doit encore être soutenue par des citoyens). Le faussement nommé « référendum d'initiative partagée » peut porter sur les mêmes domaines que le référendum d'initiative présidentielle qui fut interprété de façon large, incluant des modifications de la Constitution, mais que le Conseil constitutionnel interprète actuellement de façon restrictive. L'initiative y appartient aux parlementaires (au moins un cinquième des membres du Parlement) et doit être soutenue par un dixième des électeurs. Avec des conditions aussi draconiennes, on comprend que cet instrument n'ait jamais été utilisé jusqu'en 2019 (pour la première fois des parlementaires ont initié une telle procédure qui doit encore être soutenue par les citoyens). Il n'aura de toute façon guère d'effet. Il suffit en effet que l'Assemblée nationale et le Sénat discutent la demande, même brièvement et la rejettent purement et simplement, pour que la procédure s'achève sans votation populaire. Ce faussement nommé « référendum d'initiative partagée » n'est donc pas un RIC. Ceci explique pourquoi l'expression « référendum d'initiative citoyenne » s'est imposée au détriment de « référendum d'initiative populaire » qui est synonyme, mais dont le sigle (RIP) prête confusion avec « référendum d'initiative partagée » (qu'il serait d'ailleurs moins faux de nommer « référendum d'initiative parlementaire » en conservant le même sigle).

Les chemins vers la démocratie

Comment introduire le RIC en France ? Je vois plusieurs chemins : i) la pression de la rue, ii) l'élection d'un président qui instaure le RIC, iii) des réformes successives du droit de référendum actuel pour aboutir à un véritable RIC (chemin des bidons), iv) le chemin du local au national, et finalement v) la création d'une structure parallèle à l'Etat pour organiser des RICs dans le but qu'elle soit à terme intégrée à l'Etat.

La pression de la rue

La pression de la rue des Gilets jaunes est déjà parvenue à faire connaitre le RIC et à stimuler la réflexion sur ses modalités. Si ce mouvement se poursuit jusqu'aux prochaines présidentielles, il conduira vraisemblablement à placer la démocratie directe au sommet des agendas politiques, permettant ainsi l'introduction du RIC par le chemin de l'élection présidentielle ou, au Parlement, par celui des bidons. Les Gilets jaunes ont créé une occasion historique d'établir la démocratie en France. Il est par contre illusoire d'espérer que la pression de la rue puisse forcer un président opposé au RIC à l'introduire, sauf éventuellement peu avant la présidentielle s'il le juge indispensable pour sa réélection. Il accordera plutôt des concessions sur d'autres points, par exemple financiers, qui ne réduisent pas son propre pouvoir. On pourrait certes imaginer une révolution qui renverse le régime. Mais ceci n'est ni réalisable ni souhaitable. Ce n'est pas réalisable, parce que les manifestants ne disposent pas de la force nécessaire, sauf ralliement de la police et de l'armée. Pas souhaitable, parce que c'est un président élu qui serait déchu. De plus, la violence est un mal en soi par les souffrances qu'elle cause. Cette violence ne rend personne plus intelligent, alors que la non-violence peut développer la maturité politique. Même victorieuses, les révolutions tournent généralement mal : ce n'est pas le peuple, mais quelques meneurs qui prennent le pouvoir.

L'élection présidentielle

La voie la plus naturelle pour instaurer le RIC dans un régime représentatif consiste à élire un président démocrate qui soutient cette cause. C'est ainsi qu'a été introduit le droit d'initiative en Californie. Suite aux révoltes populaires contre la corruption et l'emprise de la compagnie ferroviaire « Southern Pacific », un procureur connu pour combattre la corruption fut élu gouverneur en 1910 : Hiram Johnson. Johnson et sa majorité introduisirent le droit de référendum et d'initiative l'année suivante. C'est donc suite à une l'élection que le RIC fut introduit en Californie. Ce chemin est particulièrement difficile en France puisqu'il faut 500 parrainages d'élus pour se présenter à l'élection présidentielle. Surtout, les élus ne tiennent pas toujours leurs promesses et peuvent être tentés de faire semblant d'introduire un RIC en fixant des modalités qui en limitent la portée. De plus, chaque groupe de citoyens tend à promouvoir ses propres revendications partisanes et à laisser les autres se battre pour la cause commune. En temps ordinaires, le chemin de l'élection n'est donc pas praticable. Aujourd'hui, grâce aux Gilets jaunes, les temps ne sont toutefois pas ordinaires. On peut s'attendre à ce que, sans se laisser berner par des modalités bidon, les citoyens exigent des candidats qu'ils s'engagent à introduire le RIC. La prochaine présidentielle sera une rare occasion d'élire un candidat qui introduira un véritable RIC en France. C'est pourquoi il est crucial de bien la préparer. Non seulement pour que celui qui fait tirer sur la foule ne soit pas réélu (il ne manquerait pas de proclamer qu'en le réélisant les Français approuvent du même coup sa gestion des manifestants pacifiques), mais surtout pour obtenir le RIC. Pour cela, il faut convaincre les partis de l'opposition de s'engager crédiblement pour l'instauration d'un véritable RIC. L'engagement doit porter sur une modification de la Constitution introduisant le RIC. La modification promise doit être définie à la virgule près. Ce RIC doit être véritable. Il doit donc notamment permettre aux citoyens de soumettre en votation populaire un projet de modification de la Constitution sur un point précis et prévoir un référendum obligatoire au cas où des élus voudraient modifier la Constitution (le peuple et uniquement le peuple peut modifier la Constitution). L'engagement doit aussi porter sur le délai pour introduire le RIC après l'élection (ce délai doit être court). Il faut indiquer par quelle procédure le RIC sera introduit. Finalement, l'engagement doit être solennel pour le distinguer des promesses électorales jamais tenues. Le candidat pourrait déclarer que, au cas où il ne tiendrait pas son engagement dans le délai promis, une insurrection populaire serait légitime. Une telle déclaration rendrait son engagement plus crédible, car elle le placerait en une situation plus faible au cas où il ne le tiendrait pas. De plus, les partis pro-RIC doivent s'engager à reporter leurs voix sur le parti pro-RIC présent au deuxième tour (s'abstenir de voter pour le parti opposé au RIC ne suffit pas). Et ceci quelques soient leurs divergences partisanes. Le défi est tel, qu'il n'est pas trop tôt pour préparer l'élection de 2022.

Le chemin des bidons

Une autre option est ce que j'appelle le « chemin des bidons ». L'idée est d'améliorer graduellement des droits de référendum bidon (tels que ceux qui existent actuellement en France) pour converger à terme vers un véritable RIC. C'est ce chemin que différentes minorités ont tenté en 2018, avant même le mouvement des Gilets jaunes, dans le cadre des débats à l'Assemblée nationale sur la réforme constitutionnelle. Il s'agissait par exemple d'étendre les sujets pouvant faire l'objet du faussement nommé « référendum d'initiative partagée » ou de donner l'initiative aux citoyens en éliminant l'exigence d'un soutien d'un cinquième des parlementaires. Comme le faussement nommé « référendum d'initiative partagée » souffre de plusieurs lacunes, éliminer l'une d'entre elles n'en aurait pas encore fait un véritable RIC. Mais ce RIC serait devenu moins bidon. Cela aurait été un pas dans la bonne direction qui, suivi d'autres pas, permettrait d'atteindre un véritable RIC. Les projets proposés durant les débats de 2018 ont systématiquement été rejetés par la majorité présidentielle. On peut espérer qu'une telle majorité ne dominera plus l'Assemblée nationale après la prochaine présidentielle.

Du local au national

Le peuple pourrait aussi se familiariser avec le RIC par des questions concrètes au niveau local, avant d'aborder les grands thèmes nationaux. Ce chemin semble toutefois peu prometteur dans un pays centralisé comme la France qui laisse relativement peu de compétences au niveau local. De plus, même aux Etats-Unis, l'existence du RIC dans de nombreux Etats n'a pas permis son introduction au niveau fédéral. C'est donc un chemin qui risque de s'enliser. C'est une diversion s'il remplace un autre chemin, mais peut être un utile complément. L'article 72-1 de la Constitution française définit un référendum local qui permet à l'exécutif d'une collectivité locale (commune, département, région, etc.) de soumettre en votation populaire des projets relevant de sa compétence. Il s'agit là d'un référendum décisionnel à ne pas confondre avec une consultation locale qui ne vise qu'à recueillir l'avis des citoyens à titre purement consultatif. La votation populaire sur le projet de transfert de l'aéroport de Nantes-Atlantique sur la commune de Notre-Dame-des-Landes était une consultation non contraignante, pas un référendum. Il serait utile de donner l'initiative aux citoyens pour transformer les référendums locaux en RIC locaux.

Une structure parallèle

Le dernier chemin que je décrirai ici consiste à construire une structure pour organiser des RICs, de l'enregistrement d'une initiative, à la votation finale en passant par le contrôle des signatures. Si l'Etat ne veut pas organiser de RICs, les Français les organiseront eux-mêmes. Cette structure doit être aussi proche que possible de ce qu'elle serait si l'Etat la prenait en charge. Ceci à la fois pour assurer une neutralité crédible et pour faciliter le but ultime : sa reprise par l'Etat. Avant cette reprise, les résultats des votations populaires n'auront certes pas de valeur légale, mais voter permettra aux citoyens de se familiariser avec cet instrument, de développer leur maturité politique et d'inciter les élus à introduire le RIC officiellement. Cette approche demanderait toutefois un très fort engagement pour effectuer des tâches relevant normalement de l'Etat.

Quel rôle pour une Constituante ?

Une Constituante (assemblée chargée de rédiger une Constitution) n'a pas de rôle à jouer dans une démocratie. En effet, une révision globale de la Constitution n'est pas conforme à l'esprit démocratique puisqu'elle contraint le peuple à donner une unique réponse à des propositions multiples et diverses en acceptant ou refusant en bloc la nouvelle Constitution. La Constituante dans une démocratie, c'est le peuple qui modifie la Constitution sujet par sujet conformément au principe d'unité de matière.

Dans un pays qui est en transition pour devenir une démocratie, il peut par contre être utile de confier à une Constituante la mission de rédiger une Constitution initiale mieux adaptée que la précédente qui n'était de toute façon pas démocratique. Mais j'ai de fortes réticences à inaugurer une démocratie par un acte contraire à l'esprit démocratique. C'est pourquoi il me semble préférable que la Constitution soit graduellement modifiée par des référendums portant sur des sujets précis. Ce serait trop lent ? Imaginez en moyenne cinq modifications par an. Après dix ans, la Constitution aura été transformée par cinquante modifications. Si l'on retient ma proposition de commencer avec un nombre élevé de signatures requises, les modifications les plus importantes seront aussi les premières réalisées.

Une assemblée délibérative pourrait toutefois jouer un rôle important, non pour rédiger une Constitution en bloc comme une Constituante, mais pour soumettre des propositions ponctuelles en votation populaire par la procédure RIC comme n'importe quel groupe de citoyens. Si cette assemblée est tirée au sort, elle sera représentative et ses propositions auront une probabilité élevée d'être acceptées par le peuple. On bénéficierait ainsi des délibérations de cette assemblée, sans lui transférer la souveraineté constitutionnelle, ni contraindre le peuple à accepter ou refuser en bloc un paquet contenant des propositions multiples et diverses.

D'abord maintenir le RIC au sommet de l'agenda politique

Quel que soit le chemin pour introduire le RIC en France, il sera ardu. Le terme même de « chemin » est peut-être mal choisi, car on ne peut pas suivre deux chemins en même temps alors que l'on peut promouvoir le RIC simultanément de différentes façons. Ceci dit, les ressources sont limitées. Il est vraisemblablement préférable de se concentrer sur quelques chemins. Actuellement, le plus important est de maintenir la pression de la rue qui est le tronc commun nécessaire pour tous les chemins. Pour obtenir le RIC, il faudra vraisemblablement maintenir cette pression au moins jusqu'aux prochaines élections présidentielles. Il n'est pas évident que les Gilets jaunes parviennent sur la durée à conserver leur engagement au niveau actuel. Mais déjà une alternative s'esquisse pour passer à un rythme plus marathonien si cela devait s'avérer nécessaire. L'association CLIC-RIC propose de manifester une heure par semaine (au même moment dans toutes les communes) devant la mairie de sa commune. Cela demanderait un effort moindre que pour les manifestations actuelles et préserverait le large soutien du reste de la population en évitant les perturbations de la circulation et en facilitant la prévention de violences de la part de manifestants.

2

L'idéologie antidémocratique

Parcourons les arguments évoqués contre la démocratie directe.

Le peuple est bête

Il est délicat de traiter les électeurs de crétins. C'est pourquoi l'argument que le peuple est bête s'exprime généralement avec davantage de subtilité. On dira plutôt que le Parlement est le lieu du débat éclairé et raisonné. Certains évoqueront toutefois le manque d'information du peuple, ainsi que sa faible capacité à traiter ces informations.

Le Parlement est le lieu du débat éclairé et raisonné. Voilà qui a souvent été répété à l'Assemblée nationale en 2018 lors des débats sur le RIC (avant les Gilets jaunes). Ou plutôt lors de ce qu'on prétend être des débats. Tout était joué d'avance dans cette cérémonie rythmée par les votes de la majorité présidentielle qui enterrait les amendements les uns après les autres. Les députés de la majorité ont intérêt à ne pas déplaire au président s'ils veulent être sur la liste des candidats du parti aux prochaines élections. Ou s'ils ne veulent pas être immédiatement exclus. Le règlement intérieur du groupe présidentiel prévoit en effet que « Les décisions prises par le Groupe s'imposent à l'ensemble des députés membres et, le cas échéant, apparentés du Groupe ». Tant pis pour la séparation des pouvoirs entre le législatif et l'exécutif. Tant pis surtout pour le débat éclairé et raisonné. Un citoyen par contre n'a pas cette préoccupation. Il peut se permettre de voter en âme et conscience après avoir suivi les débats. Une minorité peut espérer convaincre ces citoyens qui ne sont liés par aucune discipline de parti.

Plus généralement, les citoyens ont intérêt à choisir les meilleures politiques puisqu'ils en subissent directement les conséquences. Pour un politicien par contre, les conséquences d'une décision ne constituent qu'un paramètre parmi d'autres. Plus important pourrait être l'impact sur sa propre carrière. La politique en question est-elle soutenue par le chef de son parti ? Est-elle soutenue par ceux susceptibles de financer sa campagne ? Une politique mauvaise pour le peuple peut être bonne pour un politicien. On rétorquera que soutenir une mauvaise politique finira par le pénaliser. Mais une politique mauvaise pour qui ? Et pénaliser quand ? Les politiciens ont souvent pour horizon temporel la fin de leur mandat.

Le citoyen serait mal informé. A qui le compare-t-on ? Au député qui obéit à la discipline de son parti ? Des connaissances encyclopédiques ne sont pas nécessaires. Le citoyen peut s'informer sujet après sujet en suivant les débats. Au pire, il s'inspirera des recommandations d'un parti. Même dans ce cas, c'est déjà un progrès par rapport à l'élection, puisque le citoyen peut choisir de suivre des partis différents sur différents sujets. Même lorsqu'un citoyen semble mal informé, il reste à vérifier si un point crucial a déterminé son vote de sorte qu'une information plus complète ne l'aurait pas modifié. Finalement, même les experts ignorent parfois dans leur domaine de compétence des éléments importants que le premier venu connait. Ainsi, pendant longtemps les météorologues, tout affairés à mesurer températures et pressions, ignoraient que la forme des nuages est utile pour prédire la météo, ce que savait pourtant la sagesse populaire. Les citoyens ont moins de connaissances livresques que les experts, mais ils ont une connaissance pratique de la vie quotidienne. Mises en commun, ces connaissances peuvent dépasser celles des experts. D'autant plus que les experts peuvent être biaisés par un effet de sélection des futurs experts (quand un domaine d'expertise tend à attirer des personnes motivées par des préoccupations partisanes), de formation (quand une pensée dominante règne sur l'enseignement d'une branche) ou d'intérêt personnel (lié notamment à leur statut socio-économique). Les questions politiques ne sont pas purement techniques, mais font intervenir les préférences. Les grands choix politiques ne peuvent être laissés aux experts.

On reproche aux citoyens non seulement d'être ignorants, mais également de ne pas savoir utiliser les informations dont ils disposent : ils sont irrationnels. Ainsi, en se basant uniquement sur la forme du visage des candidats, il est possible de prédire mieux qu'au hasard le vainqueur d'une élection. Ceci suggère que des éléments sans pertinence pour le choix d'un représentant jouent un rôle significatif. Sauf à vouloir abolir les élections elles-mêmes, cela plaide plutôt pour la démocratie directe : que le peuple vote sur des sujets (qui n'ont pas de visage) plutôt que de laisser trop de pouvoir à des élus qui ont été choisis partiellement selon leur apparence.

La démocratie directe elle-même contribue à la formation des citoyens. Imaginez par exemple un pays qui, tous les trimestres, voterait sur deux ou trois sujets. Chaque votation serait précédée d'une campagne et de débats focalisés sur ces sujets. En cinq ans, c'est environ cinquante thèmes sur lesquels les citoyens se seront informés pour décider (on s'informe mieux quand c'est pour décider). Pas étonnant que ces citoyens soient plus avertis que dans le pays voisin où ils ne peuvent qu'élire des représentants.

Non seulement élire un représentant implique d'évaluer la personnalité des différents candidats, mais il faut encore comparer les différents programmes qui diffèrent sur une multitude de sujets. C'est clairement plus compliqué que de voter sur un unique sujet. Il est donc faux d'argumenter que des citoyens capables d'élire sont incompétents pour voter sur un sujet. Qui est apte à élire un représentant est aussi apte à voter sur un sujet.

Le peuple est méchant

Les antidémocrates diabolisent le peuple. Ils prétendent que les Gilets jaunes sont des chemises brunes. Les démocrates sont traités de fascistes, non pas malgré qu'ils soient démocrates, mais parce qu'ils sont démocrates. C'est une stratégie en deux coups. D'abord on nomme « démocratie » le système électif où le demos perd tout kratos entre deux élections, ensuite il faut bien se débarrasser des véritables démocrates que l'on fait passer pour des antidémocrates.

L'écrivain Jean-Claude Carrière (historien de formation) affirme que « Dès qu'il est question d'un référendum populaire, Mussolini n'est pas loin. Ça a commencé comme ça. Et Mussolini, et Hitler. Dès que l'on fait appel au peuple, le peuple dirige vers la dictature tout un pays. Il faut se méfier de ça » (France Inter, 20 décembre 2018). Ceci est historiquement faux. Hitler a été nommé chancelier par le président Hindenburg en janvier 1933, pas par élection, ni par référendum. Rappelons la suspension des libertés civiles après l'incendie du Reichstag du 27 février 1933, l'élimination d'opposants et les assassinats, plus généralement le recours à la force et à la terreur, sans même parler du truquage des élections. C'est dans ce contexte qu'Hitler lança des plébiscites, notamment celui d'août 1934 qui ratifia son pouvoir absolu. Des plébiscites qui d'ailleurs n'ont fondamentalement rien à voir avec un RIC puisqu'ils sont initiés par le Chancelier et non par le peuple. Quant à Mussolini, c'est par la violence qu'il parvint au pouvoir et n'organisa des plébiscites qu'en tant que dictateur. Comme ceux qui les appellent à la rescousse, Mussolini et Hitler n'auraient pas accepté le RIC.

Les mots « fascistes » et « nazis » sont usés d'avoir trop été abusés. Les antidémocrates recourent donc aussi à d'autres formules : « foule haineuse », « populiste », « extrême droite ». Ou « extrême gauche », peu importe tant que cela diabolise les idées et surtout les personnes. L'éternelle ritournelle de ceux qui n'ont plus d'arguments et se voient réduits à recourir à la terreur. Car c'est bien de terrorisme intellectuel dont il s'agit. La terreur d'être amalgamé à des incarnations du mal. Ces procédés déshonorent ceux qui en usent et révèlent qui ils sont. Jugez de la fin par les moyens, et de l'affichage de bons sentiments par les comportements que vous observez.

Ces insultes abjectes ne constituent peut-être que le prélude à une criminalisation de l'opposition politique. Ainsi, le porte-parole du gouvernement Benjamin Griveaux déclarait : « Le mouvement dit des Gilets jaunes pour ceux qui restent encore mobilisés est devenu le fait d'agitateurs qui veulent l'insurrection et au fond renverser le gouvernement » (4 janvier 2019). Les manifestants pacifiques ne sont pas distingués des casseurs. La participation à une insurrection est un crime réprimé par l'article 412-4 du Code pénal.

Ces insultes vont en tous cas de pair avec une violence gouvernementale inouïe. Comme si tout était permis contre ceux que l'on traite de peste brune. Le gouvernement fait tirer sur la foule avec des armes mutilantes. Au moment où j'écris ces lignes, la police a déjà détruit l'œil de plus de vingt Gilets jaunes. L'attaque qu'a subie Jérôme Rodrigues, figure connue des Gilets jaunes, peut être vue sur Youtube. Rodrigues, qui a toujours condamné la violence d'où qu'elle vienne, a été éborgné alors qu'il manifestait pacifiquement. Son cas est typique. Le gouvernement semble se préoccuper davantage de dissuader les manifestants pacifiques que d'arrêter les casseurs. Imaginez que le gouvernement vous crève un œil. Les opérations, les décisions médicales, un œil aveugle et l'autre peut-être aussi touché, les éclairs qui vous empêchent d'oublier même dans l'obscurité. Et au-delà : veiller à ce que celui qui a détruit votre œil, ne détruise pas du même coup vos enfants psychologiquement fragilisés parce qu'ils savent désormais vivre dans un pays où on éborgne des manifestants pacifiques. Cette réalité que vous vivriez si le gouvernement vous avait éborgné, il faut la multiplier par plus de vingt. Et les visages défigurés, les mâchoires fracassées, les pieds et les mains arrachées. Les grands médias qui roulent pour Macron ne s'indignent guère. Que diraient-ils si Mélenchon ou Le Pen avait commis cela ?

Il faut refuser le RIC nous dit-on, parce que le peuple réintroduirait la peine de mort. Cet épouvantail ne peut effrayer la large majorité de la population opposée à la peine de mort puisqu'elle pourrait le cas échéant rejeter une initiative visant à la réintroduire. De plus, c'est ignorer que la Suisse a aboli la peine de mort dans son code pénal civil bien avant la France (la peine de mort en temps de guerre dans le code pénal militaire a par contre été supprimée plus tard).

On exhibe l'initiative contre la construction de minarets adoptée en Suisse en 2009, sans préciser que la construction de mosquées y est bien sûr autorisée et sans parler de l'interdiction du voile intégral dans les espaces publics en France. Si le pire que l'on puisse reprocher à la démocratie directe est l'interdiction des minarets, comparons avec un régime représentatif comme la France. Où trouve-t-on en démocratie directe l'équivalent de la Terreur et du peuplicide de Vendée ? Ceux-là qui fantasment sur les méfaits imaginaires de la démocratie directe oublient les horreurs réellement commises par les régimes représentatifs. Que les auteurs de la Déclaration universelle des droits de l'homme égorgent en masse leurs compatriotes devrait nous mettre en garde contre les bien-pensants.

Ecartons-nous des fantasmes agités par les antidémocrates et examinons les faits. L'exemple suisse montre que la démocratie directe favorise le respect des minorités. Une minorité de seulement 2% du corps électoral peut soumettre au débat national une question qui la préoccupe. Surtout, le contour de la majorité varie selon les sujets qui opposent tantôt les citadins aux ruraux, les Latins aux Alémaniques, les hommes aux femmes, les jeunes au vieux, etc. La frontière entre la majorité et la minorité évolue en fonction du sujet au lieu de creuser constamment le même fossé élection après élection. Avec environ neuf votations par an (moyenne annuelle 2000-2018, uniquement au niveau fédéral), rare est le citoyen qui durant une année entière ne se trouve jamais dans la minorité. Ceci délivre chacun de l'illusion que le peuple aurait toujours raison et incite au respect des minorités. Il n'est pas rare qu'après la votation, les préoccupations des vaincus soient partiellement prises en comptes, ne serait-ce que pour éviter que cette minorité devienne une majorité. Pour les lobbies par contre, le régime représentatif est préférable, car il est plus facile de corrompre des parlementaires que d'acheter un peuple.

On oppose l'Etat de droit à la démocratie. Cela suppose qu'un droit est situé au-dessus du peuple et hors de son atteinte. Mais d'où viendrait ce droit ? De Dieu, comme les dix commandements ? C'est alors une théocratie. Ou plus exactement une prêtrocratie, puisque Dieu a la fâcheuse tendance de ne pas apparaître à tous, mais de parler à travers les grands prêtres qui prétendent l'entendre. Ou ce droit est explicitement écrit et interprété par des êtres humains. C'est alors une oligarchie où les oligarques sont ceux qui définissent le droit qu'ils imposent au peuple. Un Etat de droit est un système où chacun est soumis au droit. Ce droit est structuré, avec au sommet la Constitution, en-dessous les lois ordinaires qui tirent leur légitimité en application de la Constitution, dessous encore les règlements par exemple. Mais qui écrit ce droit ? Dans un Etat de droit démocratique, c'est le peuple et ceux à qui le peuple a décidé de transmettre cette compétence. La Constitution relève du peuple et uniquement du peuple. Les niveaux inférieurs sont généralement écrits par les élus, sauf interventions ponctuelles du peuple. Dans un Etat de droit non démocratique, ceux qui écrivent le droit s'estiment par contre au-dessus du peuple. Il n'y a aucune contradiction entre la démocratie et un Etat de droit démocratique. L'incompatibilité est par contre totale entre la démocratie et un Etat de droit non démocratique.

Richard Ferrand déclarait en tant que rapporteur à l'Assemblée nationale : « nous ne souhaitons pas nous dérober à nos responsabilités sous le prétexte parfois démagogique de se saisir de l'opinion publique, le plus souvent d'ailleurs pour anéantir la contradiction, donc minorer les oppositions. L'usage régulier de la pratique référendaire, au fond, c'est de faire taire les minorités et les oppositions. Eh bien, nous, nous ne voulons pas de cela ». La vérité est très exactement le contraire comme la majorité présidentielle s'acharna à le prouver durant ces débats en refusant systématiquement les amendements des minorités. Les jeux étaient faits d'avance. Soumis à la discipline de parti, la majorité présidentielle balaya les minorités qui pourtant reflétaient la volonté de la large majorité du peuple favorable au RIC. La minorité que Ferrand défend véritablement, c'est les accapareurs du pouvoir.

La Suisse ne fonctionne pas plus mal que la France et ne commet pas davantage d'atrocités. Ceci suggère que les citoyens ne sont ni plus bêtes, ni plus méchants que les élus. Si les Français étaient aussi bêtes et méchants qu'on le prétend, serait-il raisonnable de les laisser élire le président ?

Le RIC divise les Français, sape l'autorité du Parlement, ralentit les processus de décision et augmente le pouvoir des lobbies

Le secrétaire d'Etat français Olivier Dussopt a déclaré n'être « pas favorable à des consultations qui seraient des sources de division » (BFM TV, 3 janvier 2019). Ce n'est pas les votations populaires qui sont sources de division. Des décisions communes doivent être prises qui s'appliqueront à tous. Or les avis divergent sur ce qu'est la meilleure décision. Si par exemple un pays choisit d'entrer ou de sortir de l'Union européenne, la décision s'applique à tout le pays, y compris à ceux qui la rejettent. La votation prend en compte les différents avis et explicite ainsi la division, mais elle ne la crée pas. Si Jupiter et ses copains décident tous seuls, cela n'empêche pas les divisions entre citoyens, mais leur vole simplement la décision.

Richard Ferrand déclarait encore à l'Assemblée nationale : « en récusant toutefois un argument [...] selon lequel je verrais une concurrence entre l'expression référendaire et le rôle du Parlement. Pas du tout ! [...] Il ne s'agit pas d'organiser ou de craindre une concurrence : il s'agit simplement de considérer que le Parlement a un rôle majeur à jouer dans l'élaboration de l'expression de la volonté générale – qui s'appelle la loi – et que nous ne souhaitons pas nous dérober à nos responsabilités ». Serait-ce pour le Parlement fuir ses responsabilités que d'accorder le RIC au peuple ? Le RIC n'empêche pas le Parlement d'élaborer des lois. Il l'empêche seulement d'imposer sa volonté au peuple qui conserve un droit de veto et d'initiative. J'ai longtemps cru que la susceptibilité du Parlement, jaloux de ses prérogatives dès que l'on parle de RIC en France, provient d'une confusion avec le référendum d'initiative présidentielle qui augmente effectivement le pouvoir d'un élu (le président) au détriment d'autres (les députés). Mais c'est bien la concurrence du peuple que craint Ferrand. Macron est encore plus explicite : le référendum d'initiative citoyenne « tue la démocratie parlementaire » (Grand Bourgtheroulde, 15 janvier 2019). Il lui aurait pourtant suffi de traverser la frontière pour voir en Suisse qu'il n'en est rien. Et il ajoute « On ne doit pas créer une situation de concurrence entre les formes de démocratie [directe et représentative] ». Les élus ont confisqué le pouvoir qui légitimement n'appartient qu'au peuple. Le Parlement a certes un rôle majeur à jouer dans une démocratie, mais c'est un pouvoir qui vient en second après celui du peuple. Il n'y a pas d'équilibre à rechercher entre le peuple et le Parlement : le peuple est au-dessus de ses représentants. C'est entre les différents représentants du peuple, par exemple l'exécutif et le législatif, qu'un équilibre est nécessaire pour que, grâce à la séparation du pouvoir, nul élu ne puisse menacer le peuple. Sachant que les antidémocrates français considèrent que le Parlement est au-dessus du peuple, on comprend mieux pourquoi les antidémocrates suisses qui placent le peuple au même niveau que le Parlement se croient démocrates. L'idée ne semble toutefois jamais les avoir effleurés que, dans une démocratie, le peuple est au-dessus du Parlement.

Le RIC, déplore-t-on, ralentit les prises de décision. Mais le référendum ne rajoute que peu de temps aux débats parlementaires. En plus du temps pour s'informer sur les préoccupations de la population en cours d'élaboration du projet, il faut compter le délai pour rassembler les signatures, par exemple 100 jours (ce délai n'intervient pas quand le référendum est obligatoire) et ensuite quelques mois pour la campagne avant la votation. Il est vrai qu'en France, le gouvernement peut accélérer la procédure en légiférant par ordonnance selon l'article 38 de la Constitution. Le premier ministre peut aussi empêcher les députés de débattre sur une question en recourant à l'article 49-3 : le projet est considéré comme accepté, sauf si l'Assemblée nationale adopte une motion de censure faisant tomber le gouvernement. Le 49-3 remplace une question sur un sujet par une question sur des personnes. En ce sens, c'est l'opposé du RIC. Hormis en cas d'extrême urgence, court-circuiter les débats parlementaires n'est évidemment pas pensable dans une démocratie où en dernier ressort le peuple peut opposer son veto. Le régime présidentiel permet des décisions certes plus rapides, mais mal ancrées. Un nouveau président peut défaire les décisions du précédent. Ce chemin en zigzag, où chaque zig et chaque zag est très rapide, peut rester globalement plus lent que la voie moins chahutée de la démocratie directe.

Le RIC, prétend-on, augmentera le pouvoir des lobbies. Les puissances de l'argent pourront en effet financer des campagnes de référendums. Les restrictions limitant le financement des campagnes électorales peuvent toutefois être étendues aux campagnes sur des sujets. Surtout, il est plus facile de corrompre un groupe de parlementaires que le peuple. Les lobbyistes sont plus dangereux en catimini dans les allées du pouvoir que lorsqu'ils s'expriment publiquement. Soyons clairs : le pouvoir de l'argent et la propagande des médias sont un problème. Mais ce problème n'est pas plus aigu pour la démocratie directe que pour le système électif, bien au contraire. Et il est rafraichissant de voir en Suisse, de temps à autre, des citoyens ne disposant que de faibles moyens financiers parvenir à réunir les signatures requises, et parfois l'emporter en votation populaire.

Le RIC manque de nuances
et surcharge les citoyens

Il n'est pas possible, prétend-on, de soumettre en votation des sujets complexes sur lesquels le peuple ne peut voter que par oui ou non. Notons d'emblée qu'en cas de contre-projet, la réponse est plus subtile puisque le peuple peut choisir entre le statu quo, l'initiative et le contre-projet, et définir lequel il préfère au cas où l'initiative et le contre-projet seraient tous deux acceptés. Mais, dira-t-on, cela reste du oui et du non. Les députés pourtant finissent eux aussi par voter oui ou non à un projet de loi. Surtout, le projet soumis en votation populaire est déjà passé par le processus parlementaire s'il provient du Parlement. Il aura donc été écrit, si on en croit la ministre de la justice Madame Nicole Belloubet, avec d'infinies précautions, des pesées au trébuchet d'un certain nombre de termes, de la nuance.

Et si le projet a été rédigé par des citoyens qui ne disposent peut-être pas d'un trébuchet aussi précis, les députés peuvent proposer un contre-projet qui sera simultanément soumis au vote. Selon la ministre de la justice, le Parlement est un espace de débat pertinent. Qui en doute ? Et en quoi est-ce un argument contre le RIC ? Ceci dit, il est vrai que le peuple ne doit pas devoir par un seul oui ou non répondre simultanément à diverses questions. C'est pourquoi les questions soumises en votation populaire doivent satisfaire le principe d'unité de matière. Il y a une certaine ironie à critiquer le manque de nuance du RIC quand on soutient un régime présidentiel où le peuple ne peut choisir qu'entre quelques candidats.

Les antidémocrates prétendent vouloir éviter de surcharger des citoyens trop affairés à leurs tâches quotidiennes pour qu'on puisse encore leur demander de décider quelques fois par an sur les grandes orientations du pays. Permettez-moi de vous rassurer : ce que les Suisses font, les Français peuvent aussi le faire. Et si d'aventure les votations étaient trop nombreuses, il suffirait d'exiger davantage de signatures. Le RIC a d'ailleurs un impact déjà en amont des votations populaires, puisque les élus doivent prendre en compte la possibilité qu'un référendum soit lancé contre l'une de leurs décisions.

Le RIC est irréalisable et déjà réalisé

Le RIC, reconnaitra-t-on enfin, est vraiment une belle idée. Elle n'est malheureusement pas réalisable. Cet argument serait puissant, sauf que la Suisse réalise l'irréalisable. A quoi certains rétorqueront que la Suisse est un enfer ou que les Français sont plus bêtes et méchants que les Suisses. Mais avant même d'user de tels arguments, dont ils voient bien qu'ils seront difficiles à défendre, ils peuvent tenter une autre riposte : le RIC peut effectivement fonctionner dans un petit pays comme la Suisse, mais pas en France. Comme si, abandonnant un instant leurs vaches, les Suisses se réunissaient tous sur la place fédérale pour voter à main levée. Il y a cinq millions de citoyens en Suisse. C'est beaucoup moins qu'en France, mais beaucoup trop pour les réunir sur la place fédérale. Les Suisses décident sur des sujets avec un bulletin de vote, comme pour les élections. Et ce système fonctionnerait aussi en France. On me répondra que ce n'est pas la taille en soi qui importe, mais l'homogénéité de la population suisse. La Suisse connait plusieurs langues nationales : l'allemand, le français et l'italien (ainsi que le romanche qui est toutefois peu utilisé). Certains cantons sont protestants et d'autres catholiques. Tout ce beau monde n'a d'ailleurs pas toujours vécu en harmonie. Rappelons qu'il y a eu une guerre civile au 19ème siècle.

Après avoir prétendu que le RIC est irréalisable, les antidémocrates vous diront qu'il est déjà réalisé. Il y a déjà, rappelait la ministre de la justice, le référendum d'initiative partagée. On a vu que ce faussement nommé « référendum d'initiative partagée » n'est pas un référendum d'initiative citoyenne. En désespoir de cause, les antidémocrates vous assureront qu'ils ont toujours été favorables au RIC et qu'ils vont même l'instaurer. Mais pas n'importe comment. « Je ne vois pas comment on peut être contre son principe. Le référendum peut être un bon instrument dans une démocratie » a reconnu le premier ministre Edouard Philippe, « mais pas sur n'importe quel sujet ni dans n'importe quelles conditions ». Il faut effectivement que la question satisfasse le principe d'unité de matière et que la votation soit précédée par des débats publics. Mais il est exclu de laisser les élus encadrer le RIC pour écarter les questions qui les dérangent. Les enfumeurs choisissent les modalités du RIC de sorte à le rendre bidon. Une place de choix parmi les enfumages doit être accordée aux concepts de « démocratie participative » ou de

« démocratie délibérative ». C'est la démocratie du « cause toujours », dont le « grand débat » voulu par Macron est une illustration, où le peuple est invité à participer aux délibérations, sans toutefois décider. Comme je l'ai déjà dit, il ne faut pas snober les RICs bidon, car il y a un chemin des bidons. Mais il ne faut pas non plus se laisser détourner du chemin direct vers un véritable RIC.

Je serai plus puissant sans le RIC

Un argument que l'on n'entend jamais : je suis contre le pouvoir au peuple, parce que je le veux pour moi ou ma clique. C'est l'antidémocratie dans toute sa splendeur. Le pouvoir attire des convoitises. Tel peut être le cas de politiciens qui se voient déjà au sommet de l'affiche. Ils devraient en principe prendre en compte la possibilité que leurs adversaires gagnent. Mais, péchant par optimisme, ils ne voient que de belles manettes. Ou alors ce sont des lobbies qui trouvent plus facile de manigancer avec les élus que de convaincre le peuple

3

Préserver
la démocratie en Suisse

Cette troisième partie tire les enseignements de l'avènement de la démocratie directe en Suisse et de son fonctionnement, puis examine les dangers qui la menacent.

La démocratie suisse,
fruit de circonstances improbables

Voyons ce que l'avènement de la démocratie directe en Suisse peut enseigner d'utile à d'autres pays.

La Landsgemeinde : les citoyens réunis décident à main levée des affaires du pays

Pour que la démocratie directe puisse se développer, il faut d'abord desserrer l'étau du pouvoir en place. C'est ce que tentent les Gilets jaunes en France. Pour la Suisse originelle, ce desserrement a tenu beaucoup à la chance d'être située en un lieu stratégique. Depuis la construction du fameux pont du diable vers 1220, la région montagneuse d'Uri n'était plus un coin perdu. C'était devenu la porte du col du Gothard sur la route la plus courte et accessible pour traverser les Alpes et relier les parties romaines et germaniques du Saint-Empire. Pour éviter une emprise des seigneurs locaux sur cette voie, l'empereur accorda le privilège de l'immédiateté impériale à Uri. Dès 1231, la région fut ainsi affranchie des seigneurs locaux pour relever directement de l'empereur. Ceci correspondait de facto à une semi-indépendance. La même année, eut lieu à Uri la première Landsgemeinde de ce qui deviendra la Suisse. La Landsgemeinde est cette assemblée incarnant la démocratie directe où les citoyens décident à main levée des affaires du pays.

Desserrer l'étau est une chose, encore faut-il éviter que de nouveaux maîtres s'approprient le pouvoir ainsi libéré. Comment se fait-il qu'à Uri la Landsgemeinde apparaisse dès l'acquisition de l'immédiateté impériale, alors que d'autres régions, surtout des villes, ont aussi reçu l'immédiateté impériale sans pour autant inventer la Landsgemeinde ? Ceci est vraisemblablement dû à l'expérience démocratique acquise par la cogestion de propriétés communes (prés, alpages). La copropriété peut être le berceau de la démocratie.

L'exemple d'une région voisine peut favoriser l'avènement de la démocratie directe. Ainsi, la Landsgemeinde se propagea de proche en proche, par exemple à Schwytz, Unterwald, Zoug, Glaris et Appenzell. L'intérêt des Gilets jaunes pour la démocratie suisse suggère qu'un effet similaire pourrait faciliter l'introduction de la démocratie directe en France.

La démocratie directe par les urnes : droits d'initiative et de référendum

Avec ses Landsgemeinden, la Suisse connaissait certes la démocratie dès son origine. Mais deux menaces vont surgir. Premièrement des cantons sans Landsgemeinde adhérèrent à la Confédération. Ce ne fut pas un problème tant que la Confédération restait un système d'alliances entre Etats indépendants avec un pouvoir central extrêmement faible. Des cantons à Landsgemeinde coexistaient simplement avec des cantons moins démocratiques. Cela pénalisera la démocratie beaucoup plus tard, au 19ème siècle quand la centralisation deviendra plus forte. Deuxièmement la Suisse est envahie à la fin du 18ème siècle et perd momentanément la maîtrise de son destin. En 1798, les troupes du Directoire pénétrèrent dans une Suisse agitée par les idées révolutionnaires. Ils imposèrent une république helvétique sur le modèle français et interdirent les Landsgemeinden. La démocratie sortira de ces malheurs, non seulement ressuscitée avec le retour de Landsgemeinden, mais transfigurée par la mise en œuvre d'instruments de démocratie directe utilisables par des entités dont la taille est trop grande pour une démocratie directe d'assemblée.

La république helvétique s'effondra suite à l'allègement de l'occupation française. Avec l'acte de médiation promulgué par Napoléon, la Suisse redevenait une Confédération. L'interdiction des Landsgemeinden fut levée et tous les cantons campagnards la rétablirent. La Suisse restait toutefois un Etat vassal de la France. Après les défaites napoléoniennes, les cantons retrouvèrent une grande indépendance au sein de la Confédération. Mais une volonté centralisatrice autochtone émergeait. La débâcle face aux troupes françaises avait démontré la nécessité d'une plus grande centralisation pour assurer la défense du pays. Elle devenait aussi indispensable pour secouer la tutelle des libérateurs qui avaient chassé Napoléon : de grandes monarchies contraires à la tradition suisse et à l'esprit libéral qui y soufflait. Elles ne se gênaient pas pour interférer dans les affaires helvétiques et menacer d'intervenir militairement. Certes, ces menaces ne se concrétisèrent pas. La Suisse craignait toutefois de ne pas pouvoir toujours compter sur les rivalités entre ces puissances tutélaires, ni sur la médiation bienveillante de la Grande-Bretagne qui voyait dans l'indépendance helvétique un gage de stabilité pour le continent. La centralisation ne présentait pas que des avantages militaires et diplomatiques, elle était aussi essentielle pour le développement économique. Il devenait notamment nécessaire de remplacer les monnaies cantonales par une monnaie nationale et d'abolir les douanes intérieures qui entravaient le commerce. L'élimination de ces douanes favorisera notamment le développement des chemins de fer.

Dans la première moitié du 19ème siècle, cette centralisation restait toutefois à réaliser. Les cantons qui s'y opposaient formèrent une alliance, le Sonderbund, bientôt attaquée par les cantons centralisateurs. C'est la guerre civile que gagnèrent rapidement les centralisateurs. Parler de centralisation à propos de la Suisse fera assurément sourire les Français. Mais tout est relatif. Contrairement à ce que son nom indique, la Confédération helvétique n'est plus une confédération à partir de sa Constitution de 1848, mais un Etat fédéral nettement plus centralisé. Pour les cantons à Landsgemeinde vaincus lors de la guerre du Sonderbund, tout transfert de compétence au pouvoir central constituait une perte de démocratie. En compensation, il aurait semblé logique d'intégrer de la démocratie directe au niveau fédéral. Certes la Constitution de 1848 prévoyait un droit d'initiative, mais très grossier puisqu'il ne permettait pas aux citoyens de soumettre en votation populaire un projet spécifique de révision (partielle) de la Constitution, mais uniquement de demander à l'Assemblée fédérale de travailler à une révision globale.

Le Français Condorcet, philosophe des Lumières, avait conçu un droit de référendum contre les lois votées au Parlement, ainsi qu'un droit d'initiative pour proposer une loi ou modifier la Constitution. L'idée ne fut pas fructueuse en France, mais trouva en Suisse un terrain rendu réceptif par l'expérience démocratique des Landsgemeinden. De plus, la centralisation corsetait beaucoup moins qu'en France l'expérimentation locale. Cette centralisation restait limitée par égard aux vaincus de la guerre du Sonderbund peut-être, surtout parce que certains cantons centralisateurs ne voulaient pas la pousser trop loin. Tel était le cas de cantons romands craignant d'être inféodés à un pouvoir central nécessairement dominé par la majorité germanique. C'est dans les cantons d'abord que naîtra une nouvelle forme de démocratie directe dans la lignée du système de Condorcet. Une démocratie directe par les urnes, plutôt qu'en assemblée. A Saint-Gall, le peuple armé de bâtons réclama les Landsgemeinden dont il avait la nostalgie. A la place, les autorités accordèrent un droit de veto populaire : c'est la naissance du droit de référendum. Ce n'est à ce stade qu'un pauvre substitut aux Landsgemeinden, mais il s'enrichira. Le développement de la démocratie a dans chaque canton son histoire propre, qui ressemble souvent à un chemin de bidons poussés par des bâtons. La Constitution de 1874 introduisit le référendum législatif facultatif au niveau fédéral. Après cette conquête démocratique, les exigences se firent de plus en plus insistantes pour une initiative permettant une modification ciblée, et donc partielle, de la Constitution. Après de bonnes expériences au niveau cantonal, le droit d'initiative permettant une modification partielle de la Constitution fédérale fut adopté en 1891.

Qu'est-il advenu des Landsgemeinden ? Au niveau cantonal, elles n'existent aujourd'hui plus que dans deux cantons : Glaris et Appenzell Rhodes-Intérieures. Après leur résurrection, elles ont finalement été largement abandonnées, essentiellement à cause du développement de la population (notamment avec le doublement du nombre de citoyens suite à l'introduction du suffrage féminin) et de l'avantage du bulletin secret. Elles apparaissaient comme un vestige archaïque. Les prises de décisions par assemblées générales de mouvements tels que Nuit debout en France leur ont redonné un coup de jeune. Les communautés sur internet pourraient aussi s'en inspirer. Les Landsgemeinden n'ont vraisemblablement pas fini de féconder la démocratie.

Le développement de la démocratie directe en Suisse a bénéficié de conditions particulièrement favorables. L'immédiateté impériale couplée à la gestion démocratique de propriétés communes a engendré la première Landsgemeinde. Cette démocratie directe par assemblée s'étendit ensuite à d'autres cantons. La centralisation qui intervint beaucoup plus tard resta limitée. Sur ce terrain fertile, de nouveaux instruments de démocratie directe se développèrent dans certains cantons. Ils permirent peu à peu l'instauration d'une démocratie directe par les urnes au niveau national où une démocratie d'assemblée est irréalisable. La France ne bénéficie pas de conditions aussi favorables. Sauf qu'elle a un voisin où la démocratie directe fonctionne depuis longtemps.

Un pays efficient
et qui respecte les minorités

Les instruments de la démocratie directe au niveau fédéral

Au niveau fédéral, la Suisse connait essentiellement trois types d'instruments de démocratie directe : l'initiative permet à des citoyens de soumettre en votation populaire un projet concret de modification de la Constitution sur un sujet spécifique en proposant le texte de la Constitution modifiée (modification partielle de la Constitution), le référendum obligatoire permet au peuple de refuser une modification de la Constitution proposée par les élus, le référendum facultatif permet au peuple de refuser une nouvelle loi adoptée par le Parlement. Pour être plus complet, il faudrait encore mentionner l'initiative pour une révision globale de la Constitution. Précisons que le référendum obligatoire ne s'applique pas uniquement aux modifications de la Constitution, mais aussi à d'autres décisions particulièrement importantes du Parlement telles que l'adhésion à des organisations de sécurité collective ou à des communautés supranationales. Dans la terminologie suisse, le mot « référendum » ne concerne que les vetos populaires sur des décisions du Parlement, alors que « initiative » s'applique à une proposition de citoyens. L'expression « référendum d'initiative citoyenne » n'existe pas en Suisse, parce qu'il n'est pas nécessaire de les distinguer de référendums initiés par les élus : toute votation populaire est soit obligatoire, soit à l'initiative de citoyens.

Le référendum facultatif et l'initiative aboutissent à une votation populaire si des citoyens réunissent le nombre requis de signatures dans les délais impartis. Le référendum obligatoire par contre implique obligatoirement une votation populaire, sans même que des citoyens la demandent. La votation populaire est donc obligatoire pour un de ces instruments et sur demande de citoyens pour les deux autres. Elle n'est jamais à l'initiative d'élus. Il faut réunir 100'000 signatures papier en 18 mois pour une initiative et 50'000 signatures en 100 jours pour un référendum facultatif. Ces 50'000 signatures correspondent actuellement à environ 1% du corps électoral. Les initiatives pour une révision partielle de la Constitution peuvent porter sur n'importe quel sujet, sauf ceux contraires aux règles impératives du droit international (on entend généralement par là des règles telles que l'interdiction de la torture). Ces initiatives doivent aussi satisfaire le principe d'unité de matière pour que le peuple ne se voie pas contraint de donner une unique réponse à un ensemble de propositions multiples et diverses. L'Assemblée fédérale peut proposer un contre-projet à une initiative. Elle peut ainsi apporter une meilleure solution que les initiants. L'initiative et le contre-projet sont soumis simultanément au vote (sauf si les initiants retirent leur initiative). Les citoyens peuvent alors approuver les deux projets à la fois, et indiquer celui auquel ils donnent la préférence au cas où les deux seraient acceptés.

Un sujet soumis au référendum facultatif est accepté en votation populaire à la majorité des votants. Un sujet soumis au référendum obligatoire ou par initiative doit généralement obtenir à la fois la majorité des votants au niveau national et la majorité des cantons pour être accepté (le vote d'un canton est celui de la majorité de ses votants). Toutes ces modalités sont inscrites dans la Constitution (articles 138 à 142, ainsi que les articles 192 et 193 sur la révision de la Constitution) et ne peuvent donc pas être modifiées sans votation populaire.

Pas l'enfer prédit par les opposants au RIC

Disposant d'une telle démocratie directe depuis si longtemps, la Suisse devrait être un enfer si l'on en croit les prédictions des adversaires du RIC en France. C'est pourtant un pays plutôt prospère et pas si mal géré. Les minorités n'y sont pas plus opprimées qu'ailleurs. La majorité n'a toujours pas exterminé une minorité. Il n'est d'ailleurs pas clair qui est la majorité, tant son contour change au gré des questions. De plus, il n'existe guère d'autres pays où une aussi faible minorité peut imposer un débat national sur une question qui la préoccupe. La décision populaire la plus controversée concernant le respect des minorités est probablement l'interdiction des minarets acceptée en 2009. La déclaration d'Erdogan selon laquelle « Les minarets sont nos baïonnettes » n'est probablement pas étrangère à ce résultat. Cette initiative interdit la construction de minarets, mais pas de mosquées. Il s'agit clairement d'une disposition discriminatoire. Mais si les adversaires de la démocratie directe ne parviennent pas à exhiber pire atteinte aux minorités, c'est presque un certificat de vertu.

La démocratie directe aux niveaux communal et cantonal

La démocratie directe existe aussi aux niveaux communal et cantonal. Elle y est souvent plus étendue qu'au niveau fédéral. Ainsi, certains cantons connaissent le référendum financier qui soumet au référendum les dépenses dépassant un certain montant. Certains cantons disposent de l'initiative législative qui permet à des citoyens de soumettre en votation populaire une proposition de loi (plutôt qu'uniquement une modification de la Constitution). Dans les cantons de Berne et Zurich, les citoyens peuvent proposer un contre-projet lorsqu'ils s'opposent par référendum à une proposition des élus. Dans quelques cantons le peuple peut exiger des élections anticipées d'un conseil exécutif ou législatif (ce droit est rarement utilisé et ne permet pas de révoquer un élu spécifique). Le fédéralisme renforce la démocratie directe. Nous avons vu qu'historiquement la démocratie directe s'est développée aux niveaux inférieurs avant d'être intégrée au niveau fédéral. Par ailleurs, on imagine mal que les citoyens soient aptes à prendre d'importantes décisions au niveau fédéral, mais inaptes à décider sur l'opportunité d'investir dans une infrastructure au niveau communal. Le fédéralisme est toutefois une mécanique complexe, exigeant de concilier autonomie et solidarité. C'est surtout le fruit d'une histoire.

Impact sur le mode de fonctionnement des élus

La démocratie directe modifie aussi le mode de fonctionnement du gouvernement. Pour réduire le risque qu'une décision soit rejetée par le peuple, il est utile d'associer dès le départ un large éventail de forces politiques. C'est pourquoi l'exécutif suisse, le Conseil fédéral, réunit les principales forces politiques du pays. Les sept membres du Conseil fédéral ont tous le même pouvoir. Selon un tournus, chaque année l'un d'eux devient le nouveau président, mais cela ne rajoute à ses fonctions essentiellement qu'un rôle de représentation à l'étranger. Même s'il dirige un département que l'on peut comparer à un grand ministère, un Conseiller fédéral n'est donc pas comparable à un ministre français soumis à un premier ministre, lui-même soumis au président. Les Français peuvent introduire la démocratie directe sans se préoccuper pour l'instant de l'impact sur le fonctionnement de leur exécutif. Sauf si leurs présidents développent une exceptionnelle qualité d'écoute, les Français découvriront toutefois vraisemblablement à long terme que la démocratie directe est incompatible avec le régime présidentiel.

L'exemple suisse montre que la démocratie directe ne conduit pas à des décisions plus mauvaises qu'ailleurs, au contraire. Les modalités du système suisse peuvent inspirer les Français pour la première version de leurs RICs quitte à l'améliorer ensuite. Ce n'est certes pas le sommet indépassable de la démocratie directe, mais cela fonctionne.

Les manigances des antidémocrates

Avec sa longue histoire, la démocratie directe suisse pourrait sembler impérissable. Il n'en est rien. Les mêmes forces qui s'opposent au RIC en France veulent affaiblir, voire à long terme détruire, la démocratie directe en Suisse.

Le développement d'une idéologie antidémocratique

Une idéologie antidémocratique vise à limiter le pouvoir du peuple, non pas à cause de considérations pratiques, telles que le manque de temps des citoyens pour prendre eux-mêmes toutes les décisions, mais pour des raisons de principe : le peuple est trop bête et surtout trop méchant. Cette idéologie se développe par une nouvelle alliance du sabre et du goupillon. Le sabre du 21ème siècle, ce sont les puissances de l'argent qui pèsent de plus en plus lourd dans les campagnes. Le nouveau goupillon, ce sont ces bien-pensants, affichant de bons sentiments, mais qui démontrent leur manque d'éthique en accusant ceux qui s'opposent à leurs visées antidémocratiques d'être contre les droits humains, d'extrême droite ou d'extrême gauche, voire fascistes. Défendre la démocratie face à une puissance aussi impressionnante sera ardu.

Les pressions de l'Union européenne

Cette force n'est certes pas suffisante pour convaincre d'emblée les Suisses à renoncer volontairement à la démocratie. Mais elle peut les enfumer, les convaincre qu'un transfert de souveraineté est anodin alors qu'il limitera massivement leur pouvoir de décision. Le Conseil fédéral a déposé à Bruxelles une demande d'ouverture de négociations pour l'adhésion de la Suisse à l'Union européenne en 1992. Cette demande a certes été retirée, mais seulement en 2016. Ceci montre le peu de considération des élus pour la souveraineté suisse. Or, un transfert de souveraineté de la Suisse vers Bruxelles n'est pas uniquement un déplacement géographique, mais surtout d'un Etat démocratique vers une construction réalisée sans les peuples, voire contre eux, et qui ne connait évidemment pas de véritable RIC (l'initiative citoyenne européenne n'étant qu'un droit de pétition, au domaine d'ailleurs très restreint).

Actuellement, il est question de ratifier un accord-cadre institutionnel avec l'Union européenne qui contraindrait la Suisse à reprendre automatiquement l'évolution future d'une partie importante du droit européen. Il est intéressant de voir comment cette reprise automatique du droit européen est camouflée. Le peuple conserverait la possibilité de refuser par référendum de reprendre une modification du droit européen, mais s'exposerait ainsi à des sanctions. On prétend certes que celles-ci resteraient proportionnées, mais c'est loin d'être garanti. La sanction peut aller jusqu'à la suspension d'un accord pour une durée illimitée. En signant cet accord-cadre, la Suisse s'engage à ne pas se plaindre auprès de l'Organisation mondiale du commerce au cas où elle jugerait ces sanctions trop sévères. La clause prévue en cas de dénonciation de l'accord-cadre trahit d'ailleurs une conception très particulière de la proportionnalité : cette dénonciation rendrait caducs des accords qui étaient déjà en vigueur avant la signature de l'accord-cadre. Le tribunal arbitral qui jugerait de la proportionnalité ne serait pas fiable, même s'il inclut un juge suisse. Comme la plupart des élites, ce juge suisse viserait vraisemblablement une adhésion à terme de la Suisse à l'Union européenne. Ce système contraste avec la situation actuelle, où si la Suisse refuse d'élargir un accord, l'accord en vigueur reste valide. Par ailleurs, ce tribunal arbitral est essentiellement un tribunal-écran (comme on parle de « société-écran ») conçu pour semer la confusion. En effet, dans la plupart des cas, il devra appliquer les décisions de la Cour de justice de l'Union européenne. Le texte de l'accord-cadre est imprécis. Or, dans un contrat asymétrique, l'imprécision tend à favoriser le plus fort. Il n'est même pas clair si le tribunal arbitral peut juger lui-même de la proportionnalité des mesures de rétorsion de l'Union européenne ou s'il doit s'en référer à la Cour européenne. C'est par ces diverses astuces que procède l'enfumage.

Les arguments que l'on entend en faveur de l'accord-cadre sont très similaires à ceux qui plaidaient au 19ème siècle pour l'adhésion à l'Union douanière allemande (Zollverein) : participer à ce grand marché réduirait les obstacles commerciaux et favoriserait la prospérité, alors qu'en restant à l'extérieur ces obstacles augmenteraient. Les Suisses ont toutefois résisté à cette tentation. S'ils avaient intégré le Zollverein, ils seraient vraisemblablement devenus Allemands (comme la quasi-totalité des territoires du Zollverein), auraient connu deux guerres mondiales et subi Adolf Hitler comme Führer. Les Suisses du 19ème siècle n'avaient évidemment pas prévu les guerres mondiales du 20ème siècle et l'ascension d'Hitler. Mais ils savaient qu'en renonçant à sa souveraineté un pays s'expose au pire. Le Zollverein s'est constitué après que, suite à l'instauration de barrières protectionnistes en France, l'industrie suisse avait perdu les trois quarts de son principal marché d'exportation. Ressentie comme une catastrophe, la fermeture des marchés européens s'est révélée être une bénédiction. Elle força en effet la Suisse à se centrer sur les produits de qualité pour exporter sur les marchés lointains. Cette focalisation sur la qualité s'est révélée être l'une des principales clés de la prospérité de la Suisse qui échappa ainsi dans une large mesure à la concurrence des nouveaux pays industrialisés. Les Suisses ont eu au 19ème siècle le cran de conserver leur indépendance malgré le coût économique que cela impliquait à court terme et ont ainsi préservé leur liberté tout en favorisant à long terme leur prospérité. C'est ce cran dont les Suisses ont actuellement besoin, alors que l'Union européenne les menace d'une érosion des accords existants s'ils ne ratifient pas l'accord-cadre. Il serait déraisonnable de se rapprocher d'une entité politique qui recourt au chantage : la Suisse deviendrait encore plus vulnérable. Il faut au contraire se tourner encore davantage vers les marchés lointains, de sorte à devenir moins vulnérable. Les obstacles commerciaux sont actuellement plus faibles entre la Suisse et l'Union européenne qu'entre la Suisse et le reste du monde. Ceci privilégie le commerce de la Suisse en direction de l'Union européenne aux dépens de son commerce avec le reste du monde. Ce détournement de commerce s'ajoute à l'effet de proximité géographique. Il conviendrait de réduire ce détournement en diminuant les obstacles commerciaux avec le reste du monde ou en augmentant ceux avec l'Union européenne. Une érosion graduelle des accords qui détournent actuellement le commerce pourrait à terme s'avérer être une bénédiction.

Des décisions populaires pas appliquées (ou que partiellement)

De façon très orwellienne, les antidémocrates s'attaquent au langage, travestissant le sens des mots. La démocratie semi-directe suisse a jusqu'ici été conçue comme un système où la composante de démocratie directe (décisions directes du peuple) s'impose à la composante représentative (les élus). Cette démocratie semi-directe est maintenant de plus en plus souvent présentée comme un système où les élus sont situés au même niveau que le peuple. Les antidémocrates placent le peuple à côté d'autres pouvoirs qu'ils jugent tout aussi importants : les décisions populaires sont de simples impulsions dont le parlement, avec qui le peuple doit composer, se contente de voir ce qu'il peut en faire. Selon eux, le peuple n'est pas au-dessus de ses représentants et les élus n'ont donc pas à lui obéir. La séparation des pouvoirs est invoquée non pas pour diviser les élus afin d'éviter que certains d'entre eux accaparent le pouvoir, mais au contraire pour ôter du pouvoir au peuple sous prétexte que d'autres que le demos doivent partager son kratos. L'Etat de droit est opposé aux démocrates, comme si un pays cesse d'être un Etat de droit dès qu'il est un Etat de droit démocratique où le peuple plutôt que les élites écrit ce droit.

S'il est manifeste que les élus n'appliquent pas toujours les décisions populaires, il est difficile d'évaluer dans quelle mesure cela reflète la progression de cette idéologie antidémocratique ou relève uniquement de dysfonctionnements. Des contradictions peuvent en effet exister entre différentes décisions populaires. Ceci se manifeste par exemple par une contradiction entre deux articles constitutionnels ou entre un article constitutionnel et un accord international. Si les deux termes ont été approuvés par le peuple, la volonté populaire est effectivement ambigüe. Cela laisse une marge d'interprétation dont les élus usent largement. Il faut éviter que les élus en profitent pour décider à la place du peuple.

En cas de contradiction entre deux articles constitutionnels, le dernier adopté devrait automatiquement prévaloir. En effet, l'article le plus récent tient compte d'informations qui n'étaient pas nécessairement disponibles auparavant et reflète à priori mieux l'évolution des mentalités. Cet automatisme ne convient par contre pas pour gérer une contradiction entre un article constitutionnel et un accord international. Un accord international violé peut devenir caduc, alors qu'en cas de contradiction entre deux articles constitutionnels, celui qui perd la priorité conserve sa pleine et entière validité par ailleurs. L'initiative pour l'autodétermination rejetée en 2018 par le peuple était une mauvaise solution, car elle prévoyait une priorité automatique pour la Constitution. Mais c'était une mauvaise solution à un vrai problème qui subsiste aujourd'hui. Lorsqu'une contradiction surgit entre la Constitution et un accord international, ce devrait être au peuple lui-même de fixer explicitement la priorité au cas par cas. De nouveaux droits populaires pourraient être utiles, notamment : i) le référendum obligatoire pour les lois d'application de réformes constitutionnel-les en contradiction avec des accords interna-tionaux, ii) le contre-projet citoyen qui permet-trait aux citoyens de proposer des modifica-tions de cette loi d'application et pas seule-ment d'y opposer leur veto, et finalement iii) l'initiative législative (et pas seulement consti-tutionnelle). Par ailleurs, les accords interna-tionaux devraient être ratifiés avec une extrê-me prudence. Tout accord de rang constitu-tionnel devrait être soumis aux mêmes condi-tions qu'une modification de la Constitution (référendum obligatoire). Les termes des en-gagements devraient être clairs, leur interpré-tation non évolutive et les divergences traitées par un tribunal aussi impartial que possible. Tout accord devrait inclure une clause permet-tant de le dénoncer, car une génération ne peut légitimement assujettir à ses lois et en-gagements internationaux les générations fu-tures. La Convention européenne des droits de l'homme par exemple ne satisfait pas tous ces critères. Il est en effet notoire que lorsque la Suisse a adhéré à cette convention nul ne pouvait prévoir l'ampleur des développements de sa jurisprudence.

Il arrive parfois que le Parlement adopte une loi similaire à un projet qui a été rejeté en votation populaire. Ceci n'est pas aussi scan-daleux que le tour joué par Sarkozy après que le peuple ait refusé la Constitution européenne. En effet, la nouvelle loi est aussi soumise au référendum facultatif. Les milieux capables de déclencher un référendum ont toutefois des ressources limitées et ne peuvent pas toujours lancer des référendums à répétition. Le citoyen ordinaire qui vote, mais ne lance pas de référendum, observe simplement qu'une loi contraire à la décision populaire est mise en œuvre. Ceci est absolument délétère pour la démocratie. Une loi similaire à une loi rejetée par référendum devrait obligatoirement être soumise au référendum (sans récolte de signatures). Il vaut d'ailleurs peut-être mieux ne pas restreindre cette exigence aux modifications ultérieures jugées similaires, car il risque d'être difficile de s'accorder sur ce qui est similaire. Durant une certaine période après le rejet en votation populaire d'une modification de loi, toute modification ultérieure de cette loi devrait passer par un référendum obligatoire. Faut-il pendant une certaine période interdire purement et simplement de resoumettre une loi similaire à un projet qui a été refusé en votation populaire ? Refaire voter le peuple sur une proposition similaire peu après son rejet témoigne d'un profond mépris pour le peuple. Songeons à l'Irlande qui revote sur le même sujet jusqu'à ce que le peuple donne la réponse que les élus attendent (traité de Nice rejeté en 2001 et approuvé en 2002, traité de Lisbonne rejeté en 2008 et approuvé en 2009). Il est acceptable de revoter sur un sujet après un certain délai de décence, mais pas l'année suivante. Reste toutefois le problème de définir ce qu'est une proposition « similaire ». De plus, un fait nouveau peut justifier de réviser rapidement un choix. La Constitution ne doit donc pas exclure qu'un sujet soit resoumis rapidement au vote populaire. Sauf lorsqu'une raison impérieuse et inattendue le justifie, le peuple serait toutefois bien inspiré de répondre au mépris par un refus systématique.

Rechignant à appliquer un changement constitutionnel qu'ils ont combattu, les parlementaires le mettent parfois en œuvre par une loi qui ne correspond pas à la volonté populaire ou peut être facilement contournée. Il est alors important que des citoyens puissent lancer une initiative au niveau législatif, et pas seulement constitutionnel. C'est ce que les Gilets jaunes ont immédiatement compris en exigeant un RIC en toutes matières.

Le non-respect du principe d'unité de matière : quand le peuple est contraint de donner une unique réponse à différentes questions

Les Suisses modifient graduellement et soigneusement leur Constitution en soumettant ces changements au vote populaire sujet par sujet conformément au principe de l'unité de matière. Mais parfois, ils ouvrent toutes grandes les vannes par une révision globale de la Constitution. Toute la Constitution est révisée et soumise en bloc en votation populaire. Le peuple n'a alors le choix qu'entre le projet de nouvelle Constitution et l'ancienne. On prétendra certes qu'il ne s'agit là que d'une révision formelle qui ne change guère le contenu, un nettoyage d'une Constitution devenue désordonnée après de multiples modifications partielles. En réalité, aucune révision n'est jamais purement formelle. Les modifications de contenu lors d'une révision globale de la Constitution sont multiples et diverses. Les débats se focalisent sur quelques-unes d'entre elles, laissant les autres dans l'ombre. Surtout, le peuple est contraint d'accepter ou de rejeter en bloc la version révisée. Une révision globale de la Constitution lie les mains du peuple qui se voit contraint de donner une unique réponse à des questions différentes. Et imaginez par exemple qu'un article dûment approuvé par votation populaire lors d'une révision partielle de la Constitution soit simplement omis lors d'une révision globale. Il faut abolir la possibilité d'une révision globale de la Constitution. On m'objectera que cela empêcherait les nettoyages formels. Une Constitution n'est pas un poème, mais un outil entre les mains du peuple pour fixer la répartition des pouvoirs. On ne saurait sous prétexte esthétique émousser cet outil. Tant pis pour l'esthétique. Et si le contenu de la Constitution doit être modifié, qu'on soumette ces changements au peuple sujet par sujet. On me répondra que ces réformes globales de la Constitution sont rares. Au niveau fédéral, la Constitution de 1848 n'a effectivement été globalement révisée qu'en 1874 et 1999. Mais ce qui est anti-démocratique ne doit pas être fait, même rarement. Tout au plus peut-on l'imaginer au moment de l'instauration de la démocratie dans un pays. Une toute nouvelle Constitution peut alors éventuellement constituer un meilleur point de départ que l'ancienne qui de toute façon n'était pas démocratique. Mais une fois la démocratie instaurée, les révisions globales n'ont plus de raison d'être.

Une bombe à retardement

Une bombe à retardement a été placée dans la Constitution à la faveur de la révision globale de 1999, et donc sans que le peuple ne puisse décider spécifiquement sur ce sujet : les initiatives contraires aux règles impératives du droit international sont interdites. Selon la Convention de Vienne de 1969 sur le droit des traités : « une norme impérative de droit international général est une norme acceptée et reconnue par la communauté internationale des États dans son ensemble en tant que norme à laquelle aucune dérogation n'est permise et qui ne peut être modifiée que par une nouvelle norme du droit international général ayant le même caractère » (article 53). L'interprétation de ces règles reste restrictive : elles concernent des actes extrêmes comme le génocide, la torture et l'esclavage. Même la peine de mort par exemple reste compatible avec les règles impératives du droit international.

Entre 1891 et 1999, les citoyens auraient légalement pu lancer une initiative pour introduire la torture. Le peuple n'aurait de toute façon pas adopté de telles initiatives. Cette expérience de plus d'un siècle montre que l'interdiction des initiatives contraires aux règles impératives du droit international est inutile. Cette disposition ne pose certes actuellement aucun problème concret puisqu'elle interdit des initiatives qui n'ont de toute façon aucune chance d'être adoptées. C'est toutefois une bombe à retardement contre la démocratie. En effet, le caractère flou et évolutif du concept de règles impératives du droit international en fait un outil susceptible de se développer d'une façon que nul ne saurait prévoir. C'est d'ailleurs à cause de ces règles impératives que la France n'a pas signé la

Convention sur le droit des traités. Son utilisation pour limiter le droit d'initiative suppose notamment que la « communauté internationale des États dans son ensemble » et les juges définissant la jurisprudence soient plus vertueux que le peuple. Sachant le rôle croissant qu'y jouent des Etats aussi peu démocratiques que la Chine, on peut douter de leur vertu. Le concept de règles impératives du droit international pourrait évoluer de façon surprenante, voire en contradiction avec ce qu'on considère aujourd'hui être les droits humains fondamentaux. L'interprétation de ces règles par les élus ou les juges suisses pourrait aussi s'élargir. En fait, le Conseil fédéral a déjà assoupli le concept de droit impératif international en introduisant des points qui ne font manifestement pas l'objet d'un consensus planétaire. Cette disposition est certes trop récente pour que les élus l'étendent massivement aujourd'hui déjà. Une fois bien ancrée, ils ne résisteront toutefois pas longtemps à la tentation de s'en servir pour restreindre davantage le pouvoir du peuple.

D'autres défauts

Encore d'autres améliorations de la démocratie directe suisse seraient utiles. Notons en particulier la question du financement des campagnes. La loi ne fixe aucune limite à ces dépenses. Elle n'exige même pas la transparence. Ce problème est étroitement lié à la question des médias, puisqu'on peut acheter des médias. Cela n'aurait pas de sens de comptabiliser les montants dépensés pour des publicités politiques dans les médias sans considérer l'avantage lié à la possession de ces médias. La brochure que le Conseil fédéral envoie aux citoyens avant chaque votation doit être améliorée. Il est inacceptable qu'elle contienne de fausses informations (le Tribunal fédéral a annulé le résultat d'une votation parce que le Conseil fédéral avait indiqué que 80'000 couples sont discriminés par un impôt, alors que le chiffre correct est 704'000).

La professionnalisation croissante des élus augmente leur déconnexion avec le peuple et les incite encore davantage à s'accrocher à leur poste puisque c'est leur emploi. Ceci les rend plus vulnérables aux lobbies susceptibles de contribuer à leur campagne. L'exécutif fédéral n'est pas élu par le peuple, ce qui constitue une lacune importante dans une démocratie. La pratique actuelle d'intégrer dans le Conseil fédéral les principaux partis assure certes une certaine représentativité. Mais cette pratique pourrait changer, puisque la formule magique qui détermine le nombre de conseillers fédéraux de chaque parti en fonction de sa représentation au Parlement n'est pas inscrite dans la Constitution. Par ailleurs, d'autres modifications pourraient réduire la diversité, et donc la représentativité, du Conseil fédéral. Par exemple l'exigence que les Conseillers fédéraux s'unissent derrière un programme ou le renforcement du rôle du président (ce qui supposerait toutefois une modification de la loi sur l'organisation du gouvernement et de l'administration).

Finalement, il manque au niveau fédéral la possibilité d'opposer un référendum aux dépenses dépassant un certain montant. La pratique actuelle conduit certes souvent à intégrer les grandes dépenses dans une loi qui est automatiquement soumise au référendum facultatif. Mais là encore, la pratique pourrait changer.

Des citoyens pas représentés

La plupart des partis sont favorables par exemple à des transferts de souveraineté vers des entités non démocratiques, ou sont opposés à une application stricte des décisions populaires, voire veulent limiter les droits populaires. Un seul parti gouvernemental défend véritablement la démocratie directe. Ceci est extrêmement malsain. Premièrement, parce que la démocratie suisse ne tient alors qu'à un fil. Deuxièmement, les nombreux démocrates qui rejettent le programme de ce parti sont placés dans une position intenable. A cause de divergences politiques, ils refusent de voter pour lui. Mais pour défendre la démocratie directe, il n'y en a pas d'autres. Cette situation est inacceptable. Il est de première importance que les partis de tous bords acceptent de présenter des candidats démocrates aux élections, même si cela implique qu'en tant qu'élu ils s'écarteront de la ligne du parti quand il s'agira de défendre la démocratie.

Conclusion :
la démocratie d'abord

Les citoyens sont prompts à se disputer sur telle ou telle politique spécifique. C'est compréhensible, tant les avis divergent sur d'importantes décisions qui les toucheront tous. Mais cela n'a aucun sens quand ce n'est pas eux qui décident. Il faut donc d'abord se battre pour la démocratie. Cette démocratie n'existe presque nulle part. La vraie, celle où le peuple détient le pouvoir, ou au moins le pouvoir ultime de décider ce sur quoi il peut décider. Pas la pseudo-démocratie où le peuple est réduit à élire périodiquement ses maîtres.

Partout, les antidémocrates cherchent à préserver et accroître leur pouvoir. Ils jugent le peuple bête et surtout méchant. Ils calomnient les démocrates. Les plus abjects convoquent d'emblée Hitler et Mussolini. D'autres insinuent les années 30 ou traitent les démocrates d'extrémistes. Ils tentent de les discréditer en les taxant de populisme. Ce terrorisme intellectuel vise à empêcher une pensée qui conteste leur pouvoir. Il peut compter sur le soutien des puissances de l'argent et de la plupart des grands médias.

On croyait le peuple français politiquement infantilisé. Avec les Gilets jaunes, il a fait preuve de maturité en plaçant le référendum d'initiative citoyenne au premier plan de ses revendications. La cause de la démocratie a extraordinairement progressé en quelques mois, et même déjà en quelques semaines. Reste à tenir sur la durée quitte à adopter une allure plus marathonienne. Conserver le large soutien de la population en renonçant catégoriquement à la violence et en cessant même de perturber la circulation. Maintenir la pression de la rue au moins jusqu'à la prochaine présidentielle. Car Jupiter ne cédera pas sur l'essentiel. Seule l'union des démocrates de tous bords permettra d'ouvrir la porte de la démocratie. Pousser ensemble cette porte tout en sachant qu'une fois ouverte certains iront à gauche et d'autres à droite. Surtout, ne pas se laisser corrompre par les accapareurs de pouvoir qui vous font miroiter un accès privilégié aux manettes du pouvoir. Saisir l'occasion historique d'instaurer la démocratie en France.

La démocratie suisse est en danger. Une déferlante antidémocratique travestit le concept même de démocratie. Le peuple est présenté comme un pouvoir parmi d'autres, les décisions populaires comme de simples impulsions. Un transfert de souveraineté vers une Union européenne antidémocratique est prétendu inévitable. La tendance est claire. Convaincus que de toute façon les élus font ce qu'ils veulent à Berne, les citoyens iront de moins en moins voter. Ceci incitera les élus à tenir de moins en moins compte des décisions populaires. Ce cercle vicieux convergera à terme vers la disparition de la démocratie. Parallèlement, les antidémocrates soutenus par les puissances de l'argent et des médias enfumeront un peuple que l'effritement de la démocratie désabuse. Ils le convaincront qu'un vrai démocrate refuse le pouvoir au peuple et accepte de le transférer à de lointaines élites. Il ne restera au peuple que la nostalgie lorsqu'il subira leur joug despotique.

La fin de la démocratie serait d'abord une épreuve douloureuse pour la Suisse elle-même. Ce serait aussi la perte du principal argument des démocrates de tous pays face à ceux qui prétendent une démocratie irréalisable. La Suisse aurait gâché ce qu'elle avait de mieux à offrir. La Suisse, ou plutôt les générations actuelles de Suisses. Héritiers d'un mira-

cle, fruit de circonstances historiques impro-
bables, qu'il était de leur devoir de préserver
pour eux-mêmes, leurs descendants et pour le
monde. Héritiers indignes d'une démocratie
que, contrairement à leurs ancêtres, ils n'auraient pas su protéger et transmettre.

Mais les dés ne sont pas jetés. Le peuple
peut encore se réveiller et éviter ce destin fa-
tal. Défendons cette démocratie sans nous
laisser diviser par nos divergences partisanes.
Celles-ci cesseraient de toute façon d'être per-
tinentes si ce n'était plus nous qui décidions.
Ne nous laissons pas enfumer par ceux qui
insidieusement voudraient nous voler la démocratie. Votons et élisons en ayant toujours
comme priorité la défense de la démocratie. Et
engageons-nous pour défendre notre démocratie. A chacun de choisir comment et com-
bien. La démocratie a besoin de chacun d'entre nous. Il n'y a pas de contribution négligea-
ble.

Si les Français peuvent apprendre du modèle suisse, les Suisses devraient s'inspirer de
la vitalité française. Il ne leur est même pas
demandé de geler sur les ronds-points comme
les Français ou à la frontière comme leurs ancêtres. Juste de se réveiller avant que leur
démocratie ne se fracasse dans les oubliettes
de l'histoire. En Suisse comme en France,

c'est finalement le même combat pour la démocratie.

Postface
Des aéroports de Paris
à la présidentielle

La préversion électronique de ce livre ne date que du mois d'avril, mais déjà la situation a évoluée en France.

Je ne songe bien entendu pas aux réponses de Macron au grand débat national qui s'est terminé en queue de poisson comme on pouvait s'y attendre. Ses réponses à la demande de RIC sont indigentes, car elles ne permettent pas aux citoyens de décider, et encore moins de décider sur les sujets de leur choix. Le droit de pétition au niveau local serait renforcé, mais sans droit de décision. Le faussement nommé « référendum d'initiative partagée » (dont le sigle « RIP » signifie plutôt à nos yeux « référendum d'initiative parlementaire ») serait amélioré en permettant à 1 million de citoyens d'initier un RIP, mais cela n'aboutirait toujours pas nécessairement à une votation populaire et les sujets pouvant faire l'objet d'un RIP resteraient limités, n'incluant notamment pas les modifications de la Constitution. On reste dans le domaine du droit de pétition bien éloigné du référendum d'initiative citoyenne.

Un événement majeur s'est toutefois produit en relation avec le RIP. Pour la première fois, le nombre requis de députés et sénateurs pour initier un RIP a été atteint. Ceci contre la privatisation des aéroports de Paris. Des partis de droite et de gauche se sont unis pour tenter de permettre au peuple de décider. Il n'y aura certes vraisemblablement pas de votation populaire. Mais ce dépassement des clivages est déjà en soi un succès. De plus, si le nombre requis de citoyens soutient ce RIP, l'absence de votation populaire sera particulièrement frustrante et soulignera la nécessité d'un véritable RIC. Ceux qui souhaitent un véritable RIC devraient soutenir ce RIP s'ils refusent cette privatisation ou, tout en acceptant le principe, craignent que ce gouvernement fasse des cadeaux à de petits copains. Le RIP est certes une procédure bidon. Mais il existe un chemin des bidons. Le désarroi dans lequel ce RIP pousse le gouvernement est d'ailleurs révélateur. Le premier ministre, Edouard Philippe, veut restreindre le RIP de sorte que cette première utilisation n'aurait pas été possible. Il entend interdire que le RIP puisse porter sur des textes en discussion au Parlement ou ayant été adoptés depuis moins de trois ou quatre ans. Il argumente que « ça me semble très dangereux d'opposer les souverainetés [parlementaire et populaire] ». L'article trois de la Constitution française actuelle prévoit que la souveraineté nationale appartient au peuple qui l'exerce par ses représentants et par la voie du référendum, sans définir de priorité entre ces deux modalités. Les élus ne se privent pas d'interpréter cet article de sorte à confisquer le pouvoir. Plus le RIP contre la privatisation des aéroports de Paris ira loin, plus il révélera ses faiblesses et la nécessité d'un véritable RIC.

J'aimerais finalement soumettre à votre réflexion ce qui me parait aujourd'hui être la meilleure stratégie pour instaurer le RIC en France.

L'objectif actuellement doit être d'instaurer le RIC grâce à l'opportunité exceptionnelle que constitue l'élection présidentielle de 2022. Ceux qui fantasment sur une démission de Macron s'illusionnent. N'ayez aucune complaisance envers la violence d'où qu'elle vienne. Oubliez l'insurrection, même pacifique. Ne bloquez plus. Et même, ne « libérez » pas les péages. Il est contreproductif de recourir à des moyens clivants pour obtenir ce que réclament une large majorité des Français. La France n'est pas une démocratie, mais ce n'est pas la

Corée du Nord non plus. Il y a des élections. Ordinairement, le RIC ne peut pas être instauré par la voie de l'élection, car les citoyens sont divisés par leurs querelles partisanes et chacun laisse les autres se dépenser pour la cause commune. Mais si le RIC devient la préoccupation prioritaire d'un nombre suffisant de citoyens, seul sera élu président un candidat qui s'est engagé pour un véritable RIC, et ceci en indiquant précisément le texte de modification constitutionnelle qui instaurera le RIC, le délai dans lequel il le fera une fois élu président et la procédure qu'il utilisera (vraisemblablement en demandant aux Français par un référendum d'initiative présidentielle s'ils approuvent cette modification constitutionnelle instaurant le RIC). Les politiciens n'ont pas la réputation de tenir leurs promesses. Il faut donc que la promesse sur le RIC ait un statut particulier. Le candidat pourrait par exemple déclarer solennellement que s'il ne tient pas sa promesse sur le RIC, alors une insurrection populaire sera légitime, et que ce sera le devoir sacré de la police et de l'armée de rejoindre les insurgés. Avec une telle déclaration, il se placerait dans une si mauvaise position au cas où il ne tiendrait pas sa promesse sur le RIC, qu'il en serait fermement dissuadé.

La Cour constitutionnelle s'opposera vraisemblablement à ce que le référendum d'initiative présidentielle soit utilisé pour soumettre le RIC aux Français. Suffira-t-il pour passer outre de se référer au précédent du général de Gaulle qui a utilisé cette procédure pour modifier la Constitution ? Faudra-t-il renforcer cette légitimité en élisant un candidat dont l'unique objectif est d'instaurer le RIC et qui s'engage solennellement à démissionner après avoir soumis le RIC au vote populaire en déclarant d'avance qu'il organisera ce référendum même si la Cour constitutionnelle s'y oppose ? La Cour constitutionnelle serait alors très mal placée pour s'opposer à un président élu pour remplir cette unique mission. Encore faudrait-il s'unir sur un candidat et sur les modalités de ce RIC. Un tel candidat pourrait attirer ceux qui d'habitude s'abstiennent, car il ne bénéficierait pas d'un chèque en blanc. L'identité de ce candidat est moins importante que d'ordinaire puisqu'il s'engage à remplir précisément sa promesse et à démissionner. Cette stratégie permet de s'unir sur qui est le souverain (le peuple) avant de se diviser sur quoi décider sur des sujets spécifiques. Elle évite aussi que le RIC ne se noie dans l'éparpillement des candidatures.

Quelles devraient être les modalités de ce RIC. Ce devrait être la plus petite réforme qui permette de transformer la France en une démocratie. Ce dénominateur commun devrait rassembler tous les démocrates, même s'ils diffèrent sur les extensions qu'ils aimeraient y apporter. Ce RIC minimal devrait modifier l'article 89 de la Constitution fixant les règles des révisions constitutionnelles pour que des citoyens puissent soumettre en votation populaire un projet concret de modification de la Constitution sur un point spécifique. Et bien sûr, seul le peuple devrait pouvoir modifier la Constitution. La proposition de Clara Egger et Raul Magni-Berton dans leur récent livre sur le référendum d'initiative citoyenne pourrait servir de base de discussion. En étant minimal, ce RIC ne prêterait pas le flanc à la critique sur des sujets clivants comme le RIC révocatoire. Mais une fois adopté, chacun pourrait l'utiliser pour soumettre en votation populaire un projet d'élargissement des droits populaires dans le sens où il le souhaite.

Les principales forces de l'opposition devraient soutenir ensemble ce candidat du RIC, quitte à s'affronter quelques mois plus tard lors de la nouvelle élection qui sera organisée suite à sa démission. Compte tenu des divergences partisanes qui les séparent, ce sera vraisemblablement plus facile que de les convaincre de voter pour un concurrent parvenu au deuxième tour. Ceci suppose toutefois que ces partis renoncent à présenter un candidat ou le retire avant le vote du premier tour. Ils peuvent être incités à accepter cette approche pour démontrer leur engagement envers le RIC (sans diviser les voix du RIC) en espérant en tirer bénéfice quelques mois plus tard lorsqu'il s'agira de remplacer le président RIC démissionnaire. A condition bien sûr que le candidat RIC gagne. C'est pourquoi ceci n'est vraisemblablement réalisable que si les principaux partis d'opposition s'accordent pour soutenir le candidat RIC. Cet accord n'entrerait en vigueur que si les partis qui le signent sont ensemble suffisamment forts pour rendre la victoire du candidat RIC très probable.

Une telle stratégie n'est envisageable que si s'exerce une pression populaire suffisamment forte sur les partis d'opposition. La rue n'a rien perdu de son importance. Il ne s'agit toutefois plus d'être entendu par un gouvernement resté sourd, ni de faire pression sur le président, mais d'organiser son remplacement en 2022 et l'instauration du RIC. C'est sur les partis d'opposition qu'il s'agit de faire pression pour qu'ils soutiennent un candidat apolitique qui s'engage à soumettre au référendum une modification constitutionnelle instaurant le dénominateur commun d'un véritable RIC.

Parallèlement, pour le cas où la stratégie du candidat RIC ne se concrétiserait pas, il faut faire pression pour que ces partis rédigent un projet de modification constitutionnelle instaurant un véritable RIC qui, comme je l'ai déjà dit, doit contenir le cœur du RIC : la possibilité pour des citoyens de soumettre en votation populaire un projet de modification de la Constitution sur un point spécifique (et bien sûr, seul le peuple doit pouvoir modifier la Constitution). Et ceci, pas uniquement dans l'exposé des motifs de leur proposition, mais bien dans les modifications mêmes qu'ils proposent d'apporter à la Constitution pour instaurer le RIC (en particulier l'article 89). Les partis défendant un véritable RIC devraient aussi s'engager à reporter leur voix sur celui d'entre eux qui subsisterait au deuxième tour (et pas simplement à s'abstenir de voter pour le parti antidémocratique). Cette approche plus traditionnelle que le candidat RIC pourrait servir de stratégie de repli. D'une façon ou d'une autre, il s'agit de saisir la chance exceptionnelle que constitue l'élection présidentielle de 2022 pour instaurer le RIC. En cas d'échec, cela aura au moins permis de transformer cette élection en un puissant catalyseur.

Il devient de plus en plus clair comment pourraient s'articuler les cinq chemins pour instaurer la démocratie dont j'ai parlé dans ce livre. La rue reste au centre de l'action, mais davantage pour penser la démocratie et faire pression sur les partis d'opposition que pour contraindre un président qu'il s'agira de remplacer en 2022. Le RIP contre la privatisation des aéroports de Paris doit être résolument soutenu (par ceux qui sont contre cette privatisation ou se méfient de ce gouvernement) et utilisé comme tremplin pour le RIC. Il ne faudra toutefois pas trop s'attarder sur ce chemin des bidons alors que s'ouvre l'exceptionnelle opportunité de l'élection présidentielle de 2022. Une votation populaire sur le RIC organisée par des citoyens (de telles votations sont déjà prévues) donnera l'occasion aux démocrates d'aller vers leurs concitoyens déjà généralement acquis au RIC pour les convaincre qu'un véritable RIC doit être leur premier critère de décision lors de la prochaine présidentielle, puisqu'il ouvre la porte à toutes leurs autres revendications. Des expériences locales peuvent aussi contribuer à faire connaître le RIC. Le temps presse : 2022 c'est demain.

Le résultat des récentes élections européennes constitue un avertissement. Le parti de Macron est certes arrivé second. Mais cela ne doit pas faire illusion : nous nous dirigeons vers une réédition de la présidentielle de 2017 en 2022 qui délivrerait à Macron un deuxième mandat et lui permettrait de continuer à faire mutiler des manifestants pacifiques pendant cinq années supplémentaires.

Les élections municipales de mars 2020 seront très importantes. Dans un pays centralisé comme la France, les pouvoirs locaux sont certes très limités. Mais ils ne sont pas négligeables. Les conseillers municipaux élisent les maires. Si un exécutif communal s'engage à organiser un référendum sur tout sujet relevant de sa compétence lorsqu'un nombre requis de citoyens le demande par pétition, alors cela ressemblerait à un RIC local (attention toutefois aux modalités, notamment le nombre requis de signatures). Elire des démocrates pourrait permettre de réaliser des expériences de démocratie locale dans le cadre officiel. Au-delà de la possibilité pour les citoyens de décider sur des sujets locaux, cela aurait des vertus pédagogiques et permettrait de tester différentes modalités dans différentes communes. Par ailleurs, les maires peuvent parrainer des candidats à l'élection présidentielle. De plus, les représentants des conseils municipaux constituent 95% des grands électeurs qui élisent le Sénat. Surtout, ces prochaines élections municipales seront particulièrement utiles pour tester diverses stratégies visant à constituer un front démocrate. Il ne faut pas rater l'occasion d'en tirer des enseignements pour l'élection présidentielle de 2022.

Terminologie institutionnelle suisse

Conseil fédéral	Exécutif au niveau fédéral
Conseil national	Chambre du Parlement fédéral représentant le peuple
Conseil des Etats	Chambre du Parlement fédéral représentant les cantons
Contre-projet	Contre-proposition du Parlement suite à une initiative populaire
Démocratie directe	Procédures par lesquelles les citoyens décident directement sur des sujets
Démocratie semi-directe	Les citoyens élisent des représentants tout en conservant la possibilité de décider sur des sujets.

Initiative populaire	Proposition soumise en votation populaire par des citoyens
Landsgemeinde	Démocratie directe d'assemblée (à main levée) au niveau cantonal (n'existe plus que dans deux cantons)
Référendum	Votation sur une proposition des élus (droit de veto)
Référendum facultatif	Référendum qui n'a lieu que si le nombre requis de citoyens le demande
Référendum obligatoire	Référendum qui a obligatoirement lieu (sans même que des citoyens le demandent)
Votation (au sens strict)	Décision populaire sur un sujet (à distinguer de l'élection qui porte sur des personnes)

1) Livres

Blot Yvan (2012), *La démocratie directe : une chance pour la France*, collection Publications HO, Economica.
C'est probablement le plus ancien livre de référence pour l'introduction de la démocratie directe en France. Son auteur, partisan d'un RIC à la Suisse, s'est battu dès les années 1980 pour l'instauration du RIC en France. Il est malheureusement décédé juste avant l'émergence du mouvement des Gilets jaunes.

Chollet Antoine (2011), *Défendre la démocratie directe – Sur quelques arguments antidémocratiques des élites suisses*, collection Le savoir suisse, Presses polytechniques et universitaires romandes.
Excellente discussion des arguments évoqués en Suisse contre la démocratie directe. Depuis la parution de ce livre, le mouvement antidémocratique des élites s'est encore renforcé.

Chouard Etienne (2019), *Notre Cause Commune – Instituer nous-mêmes la puissance politique qui nous manque,* **Max Milo**
Chouard se bat depuis 2005 pour que les citoyens acquièrent en France le pouvoir qui leur revient dans une démocratie. Il est probablement le promoteur du RIC le plus connu. Dans ce livre, Chouard développe ses thèses sur la nécessité de défendre notre cause commune : instituer une véritable démocratie. Au-delà du RIC, il promeut notamment le tirage au sort et une Constituante.

Humair Cédric (2018), *La Suisse et les puissances européennes – Aux sources de l'indépendance (1813-1857),* **collection Focus, Alphil.**
A l'heure où l'Union européenne tente d'imposer un accord-cadre institutionnel à la Suisse, ce livre est notamment très utile pour acquérir une perspective historique sur les relations entre la Suisse et l'Europe. Je m'en suis inspiré pour placer dans une perspective historique les débats sur l'accord-cadre institutionnel entre l'Union européenne et la Suisse.

Lambelet Jean-Christian (2019), *De la démocratie directe en Suisse – Son cadre, sa pratique, une analyse statistique et une évaluation sur le fond*, collection Suisse événements, Slatkine.
Une mine d'informations chiffrées sur les référendums et initiatives au niveau fédéral en Suisse. Au-delà des statistiques, un constat : « Le plus grand danger qui guette la démocratie suisse [...] est dès lors la tentation pour les autorités de contourner la volonté du constituant [c'est-à-dire du peuple], voire de la bafouer ». Voir aussi son article « Quand la démocratie directe est violée » sur son blog (*https://blogs.letemps.ch/jean-christian-lambelet/2018/01/11/quand-la-democratie-directe-est-violee/*).

Magni-Berton Raul et Clara Egger (2019), *RIC – Le référendum d'initiative citoyenne expliqué à tous*, FYP éditions.
Au moment de vérifier que la préversion Ebook de ce livre que je venais de publier se trouvait bien sur Amazon, j'ai découvert qu'un autre livre sur le même sujet avait été publié trois jours plus tôt. Il s'agit de cet excellent livre de Magni-Berton et Egger. Même si nous divergeons sur certains points, nous convergeons sur l'essentiel. En particulier sur l'intérêt

d'introduire le RIC en France par une réforme aussi modeste que possible qui permette au peuple, et uniquement au peuple, de modifier la Constitution.

Masmejan Denis (2017), *Démocratie directe contre droit international,* **collection Le savoir suisse, Presses polytechniques et universitaires romandes**
Ce livre présente un très intéressant historique des conflits entre démocratie directe et droit international en Suisse. C'est un livre utile pour comprendre cette problématique, même si je ne partage pas nécessairement les jugements de l'auteur sur les différentes manières de gérer ces conflits. Masmejan est moins attaché que moi à la démocratie directe et moins opposé au gouvernement des juges.

Meuwly Olivier (2018), *Une histoire politique de la démocratie directe en Suisse,* **collection Focus, Alphil.**
Excellente description des idées, événements et conflits qui ont conduit à l'actuelle démocratie directe helvétique. Je me suis largement inspiré de ce livre pour écrire le chapitre sur l'avènement de la démocratie en Suisse.

2) Sites internet

Il existe aussi de nombreux sites internet utiles aux démocrates. Voici quelques liens (loin d'être exhaustifs).

2.1) France

Article 3

https://www.article3.fr/

Site de l'association « Article 3 » qui vise exclusivement à introduire le RIC en France. Le nom de l'association se réfère à l'article 3 de la Constitution française qui prévoit notamment que « La souveraineté nationale appartient au peuple qui l'exerce par ses représentants et par la voie du référendum » et que cette association souhaite compléter par « La souveraineté nationale appartient au peuple qui l'exerce par ses représentants et par la voie du référendum *d'initiative citoyenne, en toutes matières y compris constitutionnelle et de ratification des traités ; cet article ne peut être modifié que par la voie référendaire* ». Lié à Yvan Bachaud (voir ci-dessous).

Blog du Plan C

https://chouard.org/blog/

Blog d'Etienne Chouard pour une Constitution Citoyenne, écrite par et pour les citoyens.

Vous trouverez par ailleurs de nombreuses vidéos de Chouard sur internet (il suffit de mettre le mot clé « Etienne Chouard » sur Youtube). Notamment une série de débats sur Sud Radio (« Y a du peuple, seul contre tous ! » et « Jeudi Chouard : l'heure des citoyens constituants »).

CLIC-RIC

https://clic-ric.org/

Site du CLIC (Comité de Liaison pour l'Initiative Citoyenne) qui a pour unique objet de rassembler les personnes morales favorables au référendum d'initiative citoyenne en toutes matières. Lié à Yvan Bachaud.

Demos Kratos

https://www.youtube.com/channel/UCnlGrvSr QF7uCovnlm8LCSQ

Contrairement à ce que suggère son nom, ce site n'est pas exclusivement dédié à la défense de la démocratie. Mais c'en est un thème central. Une de ses premières vidéos (il y a deux ans) était déjà consacrée au RIC, suivie de nombreuses vidéos sur la démocratie. En particulier une discussion historique réunissant Fly Rider, Etienne Chouard, Yvan Bachaud et Léo Girod. Lien :

https://www.youtube.com/watch?v=rPKZKvQz hik.

Léo Girod

https://www.youtube.com/channel/UCTWRBf M7zFYhNB-8ZhZjs2A

Léo Girod est un défenseur très actif du RIC, en lien notamment avec Yvan Bachaud. Voir notamment la vidéo « Rencontre des acteurs RIC » qui est particulièrement pertinente ac-tuellement pour réfléchir sur une stratégie d'introduction du RIC en France. Lien :
https://www.youtube.com/watch?v=umrgpAfX w9w

Yvan Bachaud

https://www.youtube.com/channel/UC0pLmbD 3fh-DoU1lRj3nxEQ

Chaîne d'Yvan Bachaud qui se bat depuis la fin des années 1970 pour l'instauration du RIC en France. Inventeur du concept de RIC en toutes matières.

2.2) Suisse

D^3 (Défenseurs Démocratie Directe)

D^3 est un forum de discussion apolitique qui réunit les démocrates de tous bords pour défendre la démocratie directe en Suisse. D^3 signifie « Défenseurs Démocratie Directe ». Créez un profil discord sur le site internet discordapp.com et, une fois connecté à votre profil, cliquez sur le lien : *https://discord.gg/6Km5vQc*. Je suis actif sur D^3.

Répertoire chronologique des votations sur des sujets en Suisse

https://www.bk.admin.ch/ch/f/pore/va/vab_2_2_4_1_gesamt.html

Archives des votations populaires sur le site de la chancellerie fédérale.

Swissinfo – Démocratie directe

https://www.swissinfo.ch/fre/democratiedirecte

Pour vous tenir au courant de l'actualité liée à la démocratie directe en Suisse. Je me suis notamment inspiré de l'article « Dix manières de contourner la "volonté du peuple" suisse » (*https://www.swissinfo.ch/fre/democratiedirecte/d%C3%A9mocratie-directe_dix-*

mani%C3%A8res-de-contourner-la-- volont%C3%A9-du-peuple--suisse/44433180).

Votations populaires en Suisse – Archives

https://www.parlament.ch/fr/services/votations- populaires/votations-populaires-archives
Archives des votations populaires sur le site du Parlement.

Vote A Tension

https://www.youtube.com/channel/UCAA2yXbf ueplf6VRNovZvbA
Présentation des arguments (pour et contre) sur les sujets soumis en votation au niveau fédéral.

2.3) Mon site

Démocratie d'abord

https://www.youtube.com/channel/UCCAoxubr 01ZdGXJxubBY4TA

Cette chaîne vise à promouvoir la démocratie (c'est-à-dire la démocratie directe) là où elle n'existe pas et à la défendre là où elle existe. Son nom se réfère au fait que cela n'a aucun sens de se disputer sur des questions spécifiques si ce n'est pas nous qui décidons : il faut d'abord se battre pour la démocratie.

www.ingramcontent.com/pod-product-compliance
Lightning Source LLC
Chambersburg PA
CBHW061648250726
48659CB00004B/1410